Horst Bielfeld

Sittiche und kleine Papageien

Eingewöhnung

Pflege

Ernährung

Gesundheit

FALKEN

| Quick Info | Eingewöhnung | Vogelheim | Ernährung | Gesundheit | Arten | Kinder Spezial |

■ Quick Info

- 4 Sittiche und kleine Papageien auf einen Blick
- 5 Das müssen Sie wissen
- 6 Wie gehe ich richtig mit dem Vogel um?
- 8 Die Lautsprache des Vogels
- 9 Entwicklungsphasen des Jungvogels

■ Die Eingewöhnung

- 12 Die ersten Tage
- 14 Der ideale Papgeienhalter
- 16 So wird der Vogel zutraulich
- 18 Kann er sprechen lernen?

■ Das Vogelheim zum Wohlfühlen

- 22 Standort und Einrichtung
- 22 Der Käfig
- 24 Die Volieren
- 26 Freiflug im Zimmer
- 28 Klettern, spielen, baden

■ Die Ernährung, Gesundheit für den Vogel

- 32 Körnerfutter
- 33 Keimfutter
- 34 Trinkwasser
- 35 Mineralstoffe und Co.

■ Krankheiten erkennen und behandeln

- 38 Krankheiten und Verletzungen
- 40 Innere Krankheiten
- 44 Parasiten

| Quick Info | Eingewöhnung | Vogelheim | Ernährung | Gesundheit | Arten | Kinder Spezial |

Die beliebtesten Sittiche und kleinen Papageien

48 Unzertrennliche
50 Sperlingspapageien
52 Graupapageien und Kakadus
54 Plattschweifsittiche
56 Edel- und Laufsittiche
57 Pracht- und Grassittiche

Serviceseite

62 Wichtige Adressen
62 Fachzeitschriften
63 Impressum
63 Register
64 Der Vogel ist entflogen ...

65 **Erste Hilfe**

KINDER SPEZIAL

58 Die 5 wichtigsten Regeln im Umgang mit deinem Vogel
59 Besonders gefährliche Situationen
60 Wo die wilden Kerle leben
61 Das will der Wellensittich dir sagen

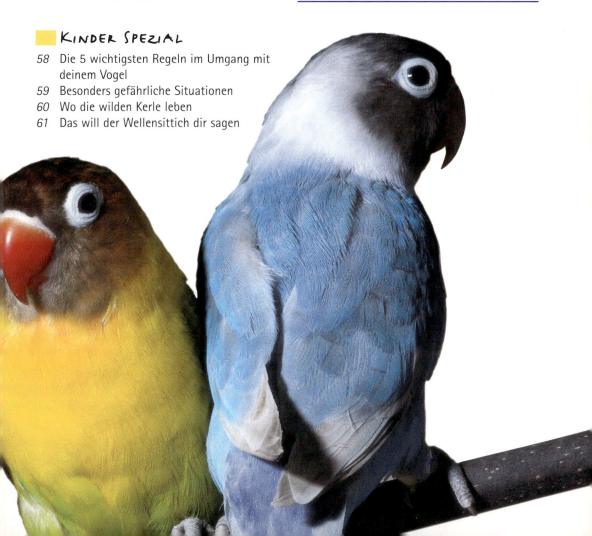

Sittiche und kleine Papageien auf einen Blick

Sittiche und kleine Papageien sind gesellige, liebenswerte Hausgenossen, wenn ihre artgemäßen Bedürfnisse beachtet werden.

Sittiche und kleine Papageien im Größenvergleich

Das Foto zeigt, dass es sich wirklich nur um »eine Hand voll« Vogel handelt, entsprechend behutsam müssen Sie Ihren gefiederten Hausgenossen behandeln. Bedenken Sie auch, dass die Federn den Vogel zwar einerseits schützen, andererseits aber auch mehr Fülle vortäuschen. Unter seinem Federkleid, bei nassen Tieren können Sie das ahnen, verbirgt sich ein winziger Körper.

Sittiche und kleine Papageien in Stichworten

Wesen: Die Vögel sind meist sehr munter und haben ein extremes Mitteilungsbedürfnis, Sie sollten deshalb täglich ausreichend Zeit für sie einplanen. Je nach Art werden sie sehr zutraulich, einige Arten sind jedoch eher scheu.

Pflege: Sittiche und kleine Papageien haben keinen hohen Pflegeaufwand, sie sind deshalb auch für Urlaubssitter keine große Belastung.

Bewegung: Die Vögel haben ein extrem hohes Bedürfnis nach Bewegung, sie brauchen deshalb einen möglichst großen Käfig und täglichen Freiflug im Zimmer.

Ansprüche: Vor allem Sittiche leben in der freien Natur in großen Schwärmen, für ihr seelisches Wohlbefinden sind sie deshalb auf möglichst viel Gesellschaft und Beschäftigung angewiesen.

Besonderheit: Die Artenvielfalt bewirkt, dass es viele verschiedene Farben bei den Vögeln gibt, einige Arten sind sehr sprechlernbegabt.

Leben mit dem Vogel

Durch seine zutrauliche und gesellige Art sind vor allem Sittiche gute Familienvögel. Kinder beschäftigen sich meist gerne mit ihrem Piepmatz.

| Quick Info | Eingewöhnung | Vogelheim | Ernährung | Gesundheit | Arten | Kinder Spezial |

Das müssen Sie wissen

Quick Info

- Sittiche und kleine Papageien sind nicht gern allein → Immer mit Artgenossen zusammen halten, nicht den ganzen Tag alleine lassen

- Er will nicht im Urlaub dabei sein → Private Betreuung durch Freunde in gewohnter Umgebung oder sehr gute Tierpension

- Sittiche und kleine Papageien sind sehr klein, aber durch den Schnabel sehr wehrhaft → Vorsicht bei direkter Berührung so lange der Vogel nicht zutraulich ist

- Sittiche und kleine Papageien brauchen viel Beschäftigung → Beschäftigen Sie sie durch verschiedene Spielsachen und durch Zuwendung

- Sittiche und kleine Papageien lieben Kontakt zu Artgenossen → Wenn Sie keine zwei Vögel halten können, suchen Sie die richtige Art aus, damit der Vogel nicht unglücklich ist

- Einige Vogelarten wie der Jako (S. 52) können bis zu 50 Jahre alt werden. werden → Für diesen Zeitraum müssen Sie ihn in Ihre Lebensplanung mit einbeziehen

Sittiche und Kleinpapageien gibt es in vielen verschiedenen Farben.

| Quick Info | Eingewöhnung | Vogelheim | Ernährung | Gesundheit | Arten | Kinder Spezial |

Wie gehe ich richtig mit dem Vogel um?

Der Verweispfeil (→) zeigt Ihnen, auf welcher Seite Sie vertiefende Informationen finden.

Eingewöhnung: → S. 10 ff. Wählen Sie für den Anfang einen kleinen Käfig aus, ihr Vogel fühlt sich dann geborgener. Den Käfig können sie später für Transporte z. B. zum Tierarzt, zur Urlaubspflegestelle usw. weiterverwenden.
Lassen Sie alles, was den Vogel irritieren könnte, erst einmal weg (z. B. Spielzeug), der Vogel soll sich zunächst an seinen Kletter- und Schlafplatz gewöhnen sowie Futter- und Wassernäpfe vorfinden. Vermeiden Sie nach dem Einzug Ihres neuen Hausgenossen für die nächsten Stunden zu große Betriebsamkeit.
Sobald der Vogel sich beruhigt hat, sprechen Sie ihn mit ruhiger Stimme an. Verschrecken Sie ihn nicht durch ruckhafte Bewegungen.

Unterbringung: → S. 20 ff. Möglichst in einer Voliere oder einem sehr großen Käfig, da häufig Freiflug nicht immer gewährt werden kann. Auch in einer Voliere können die Vögel zutraulich werden.

Achtung: Sehr scheue Vögel verletzen sich in einem großen Käfig leicht.

Geselligkeitsbedürfnis

Sozialverhalten und Beschäftigung

Sittiche und kleine Papageien leben im Schwarm, teilweise außerdem mit lebenslanger Paarbildung. Einzelhaltung wird diesem Verhalten nicht gerecht. Auch mehrere Vögel können – je nach Art – zahm und sehr zutraulich werden.
Durch viel Zuwendung und Ansprache werden viele Sittiche und kleine Papageien zutraulicher, einige Arten lernen sprechen (→ S. 48 ff.).

Lernfähigkeit

✽ **Intelligenz zutraulicher Vögel:** Sittiche und kleine Papageien imitieren in Einzelfällen den Menschen. Sie passen sich dem Partner Mensch an.

✽ **Intelligenz scheuer Vögel:** Scheue Vögel sind genauso intelligent wie zutrauliche Vögel. Sie brauchen Ruhe, bis sie gelernt haben, dass von dem geduldigen Menschen keine Gefahr ausgeht.

Auch begabte Vögel brauchen viel Anregung, um die menschliche Sprache nachzuahmen.

Die Lautsprache des Vogels

✴ Der Angst- oder Alarmruf

des **Wellensittichs** ist ein lauter, kurzer und heftiger Aufschrei oder ein lang anhaltendes Gezeter.
Unzertrennliche lassen hohe, scharfe Töne in schneller Folge hören.
Der **Graupapagei** stößt rauhes Kreischen aus, faucht oder knurrt wütend.

✴ Zufriedenheit

Der **Wellensittich** bringt diese mit leisem, fast schläfrigem Gezwitscher zum Ausdruck.
Unzertrennliche geben ebenfalls hohe, aber weniger scharfe Zwitschertöne von sich als bei Angst.
Der **Graupapagei** bringt sein Wohlbefinden durch gemütliches Schnabelknirschen, durch leises
Knurren, leise Pfeiftöne und andere Laute zum Ausdruck.

✴ Langeweile

Der **Wellensittich** zeigt durch eintönige Tschilplaute, die er häufig minutenlang
ausstösst, an, dass er sich einsam fühlt.
Von einem **Unzertrennlichen** wird die Langeweile mit metalli-
schen Aufschreien quittiert, oft in langer Folge.
Der **Graupapagei** zeigt mit durchdringendem
Schreien, hohem Quietschen und gellendem
Pfeifen seine Langeweile und
Einsamkeit an

| Quick Info | Eingewöhnung | Vogelheim | Ernährung | Gesundheit | Arten | Kinder Spezial |

Entwicklungsphasen des Jungvogels

Eier legen

Sittiche und Papageien sind Höhlenbrüter. Nach der Paarung legt das Weibchen deshalb im Abstand von zwei Tagen ungefähr fünf bis sechs weiße Eier in einen höhlenähnlichen Nistkasten. Nachdem das Weibchen fast drei Wochen gebrütet hat, schlüpfen die Jungen.

Die Aufzucht

Die Jungen sind jetzt noch nackt und blind. Sie werden von der Mutter versorgt, das heißt, gewärmt und gefüttert. Der Vater kümmert sich wiederum um die Mutter.
Nach ungefähr fünf Wochen haben die Jungen dann ihr vollständiges Gefieder und verlassen das Nest. Sie lernen fliegen und für sich selbst zu sorgen: Ab der sechsten bis siebten Woche sind die Jungen selbstständig.

Die Eingewöhnung

Die Eingewöhnungsphase ist für den Vogel und für den Besitzer gleichermaßen von großer Bedeutung. Sorgfältige, auf die Vogelart abgestimmte Eingewöhnung garantiert ein glückliches weiteres Zusammenleben. Während dieser Zeit gemachte Fehler können den Vogel auf Jahre hinaus prägen.

Zu Hause angekommen lassen Sie den Vogel sich erst einmal in Ruhe in seiner neuen Umgebung zurecht finden.

Sittiche und kleine Papageien sind sehr gesellige Vögel und suchen – wenn sie keine Artgenossen haben – den Anschluss an den Menschen. Das braucht Zeit und vor allem Einfühlungsvermögen und Geduld, gerade am Anfang. Aber die Geduld lohnt sich! Nehmen Sie sich für die Eingewöhnung in den ersten Wochen viel Zeit. Ein nicht zu unterschätzender Faktor ist die Auswahl der Vogelart besonders in Bezug auf ihr zu erwartendes Verhalten. Dann sind Sie später nicht enttäuscht.

Der Transport nach Hause

Zum Transport nehmen Sie am besten einen üblichen Transportkasten oder Transportkarton, aber keinen großen Käfig, denn darin können die aufgeregten Tiere herumflattern und sich leicht verletzen. Der Transportkasten oder Transportkarton sollte flach sein und keine Sitzstangen haben. Die Zeit im Transportkasten sollte so kurz wie möglich sein. Deshalb bereiten Sie den Käfig vor, bevor Sie den Vogel abholen. Stellen Sie ihn an den Platz, an dem er auch später stehen soll. Falls Sie den Vogel trotzdem im Käfig transportieren müssen, dann entfernen Sie alle Stangen und stellen Sie den Käfig in einen Pappkarton, um den Vogel vor Zugluft zu schützen.

Die ersten Tage

TIPP Wenn Sie beginnen, mit dem Vogel zu sprechen, benutzen Sie kurze und vokalreiche Wörter (z.B. Bubi, Jako, Lora, Pepi). Diese wirken auf den Vogel beruhigend und regen ihn auch schon zum Nachahmen an.

Wenn Sie mit Ihrem Sittich oder kleinen Papageien glücklich zu Hause angekommen sind, dann braucht er erst einmal Ruhe. Stellen Sie ihn mit seinem Käfig – mit Futter und Wasser gut versorgt – an einen ruhigen Platz und beachten Sie ihn nicht weiter. Zu viel Fürsorge lässt den verängstigten und aufgeregten Vogel nicht zur Ruhe kommen. Durch die Aufregung beim Transport und den neuen Käfig kann der Sittich oder kleine Papagei Durchfall bekommen. Er verschwindet, wenn der Vogel zur Ruhe kommt. Ist das am nächsten Tag nicht der Fall, sollten Sie einen Tierarzt aufsuchen (vgl. S. 40).

Die ersten Tage wird der Vogel sicherlich still dasitzen und genau beobachten, was sich im Raum tut. Dabei prägt er sich die Räumlichkeiten und die Geräusche ein. Auch in dieser Phase sollten Sie Ihrem Vogel die »beschaulichen« Tage zu Beginn Ihrer gemeinsamen Zeit gönnen. Er dankt es Ihnen, in dem er sich schneller an Sie gewöhnt.

Nach dem Umzug ins neue Heim braucht der Vogel ein ruhiges Plätzchen.

Der Vogel zeigt, wenn er sich wohl fühlt

Durch Herumknabbern am Käfig, Klettern und erste Laute signalisiert der Vogel sein beginnendes Wohlbefinden. Er wird zunehmend munterer und beginnt immer häufiger Selbstgespräche zu führen, wenn Sie im Zimmer sind. So sucht er schon erste Kontakte.

Der erste Freiflug

Je nachdem, wie zahm der Vogel ist, können Sie nach 8–14 Tagen die Käfigtür offen lassen. Ein Kletterbaum davor ist für den Vogel ein idealer Platz, von dem aus er seinen Rundflug im Zimmer wagen kann.

Sollte der Sittich oder Papagei nicht in seinen Käfig zurückkehren, versuchen Sie am Abend nicht, ihn unter allen Umständen wieder einzufangen. Lassen Sie ihn im Zimmer übernachten. Am nächsten Morgen findet er den Weg in seinen Käfig, da er hungrig und durstig sein wird.

> **ACHTUNG**
> Fangen sie den frei fliegenden Vogel nicht mit der Hand oder mit einem Netz ein, wenn er nicht freiwillig wieder in den Käfig geht. Wenn er Hunger hat, wird er alleine in den Käfig zurückkehren. Passen Sie den Moment ab und schließen Sie dann die Käfigtür.

Der Vogel wagt sich erst aus seinem Käfig heraus, wenn er sich eingewöhnt hat und sich sicher fühlt.

> **TIPP** Alles Zubehör sollte mindestens doppelt vorhanden sein, damit es im Wechsel heiß ausgewaschen werden und austrocknen kann. Dadurch werden Krankheitserreger und Parasiten vermieden.

Der ideale Papageienhalter

Wenn Sie sich ein Pärchen der kleineren Papageien- oder Sitticharten ins Haus geholt haben, möchten Sie sicherlich für das Wohlergehen der Vögel alles tun, mit anderen Worten »der ideale Papageienhalter« werden. Dazu gehört das zuverlässige Versorgen mit Futter und Wasser und die Sauberhaltung von Käfig, Näpfen bzw. Futter- und Trinkautomaten und sonstigem Zubehör. Damit alles nach Plan läuft und nichts vergessen wird, ist es gut, sich einen Zeitplan anzulegen. Geben Sie täglich Futter und frisches Wasser und erneuern das Badewasser. Reinigen Sie den Käfig wöchentlich einschließlich der Sitzstangen. Monatlich sollten Sie den Käfig oder die Voliere gründlich desinfizieren. Die konsequente gründliche Reinigung der Käfige, Volieren und des Zubehörs ist für Sittiche und Kleinpapageien entscheidend für ihre Gesundheit und Lebenserwartung. In verschmutzten Käfigen werden leicht Krankheitserreger gezüchtet. Falls erforderlich, schneiden Sie den Vögeln die Krallen.

> **NÖTIGES ZUBEHÖR**
> - Futterspender/Futterschale
> - Wasserspender/Wasserschale
> - Badehäuschen/Badeschale
> - Mineralstein mit Halterung
> - Sepiaschalenhalter
> - Sitzstangen
> - Sprühflasche

Der Stanleysittich braucht unbedingt reichlich Klettermöglichkeiten.

Festgelegte Fütterungszeiten

Für die täglichen Fütterungszeiten sollten Sie immer eine bestimmte Stunde einhalten. Wahrscheinlich werden Sie am frühen Morgen füttern, wenn Sie als berufstätiger Vogelbesitzer anschließend zur Arbeit gehen. Wenn Sie unter der Woche nun regelmäßig um 6 oder 7 Uhr füttern, sollten Sie diese Zeit in etwa auch sonnabends und sonntags einhalten.

Versorgung der Vögel im Urlaub

Oft verzichten Papageienhalter auch auf ihren Urlaub. Sie widmen sich dafür ganz ihren Vögeln. Wer nur eine kleine Anzahl von Vögeln hat, wird seine Pfleglinge für die Urlaubszeit Verwandten oder Bekannten mitsamt dem Käfig bringen können. Bei einigen kleinen Volieren wird sicher ein Nachbar das Füttern für die Zeit der Abwesenheit übernehmen. Selbstverständlich haben Sie vorher alle wichtigen Arbeiten erledigt.

> **WICHTIG**
> Füttern Sie Ihre Vögel morgens, da die Vögel über den ganzen Tag Futter aufnehmen und dann immer frisches Futter zur Verfügung haben.

Pärchen oder mehrere Vögel kommen im Urlaub besser über die Runden.

So wird der Vogel zutraulich

Mit Leckerbissen, liebevollem Ansprechen und mit Kraulen können Sie Ihr neues Familienmitglied eingewöhnen, es mit allen Gegebenheiten in der Wohnung vertraut machen und es in gewissem Grad zu einem umgänglichen Tier erziehen. Das wird einige Wochen oder gar Monate intensiven Übens kosten, doch gerade diese langsam erzielten Fortschritte machen beiden Spaß, sowohl dem Vogel wie Ihnen. Denken Sie daran, dass Ihr Vogel vor gar nicht langer Zeit noch in der Wildnis (oder in der Voliere) mit Artgenossen umhergeflogen ist und dass sein jetziges Leben bei Ihnen für ihn eine gewaltige Umstellung bedeutet. Erkennbar sind Fortschritte auch daran, dass er beginnt, die Geräusche aus der Umgebung nachzuahmen.

Pflege und Zuwendung bauen Vertrauen auf

Die täglichen Pflegearbeiten sollten Sie nicht schnell verrichten. Sie sind vielmehr ein wichtiger Teil der Beschäftigung mit dem Vogel. Wird der Vogel bei jedem Futter- und Wassergeben, bei jedem Saubermachen des Käfigs angesprochen und bekommt Liebkosungen und auch mal einen Leckerbissen, dann wird er diese für ihn am Anfang sehr aufregenden Situationen zunehmend gelassener hinnehmen oder sich sogar darüber freuen.

Erst auf die Hand ...

Um ihn handzahm zu machen, müssen Sie bedächtig und geduldig vorgehen. Besonders Wildfänge haben die menschliche Hand meistens in sehr negativer Erinnerung, da sie von ihr schon mehrere Male gegriffen worden sind und diese Zwangsmaßnahme nicht so leicht vergessen. Fangen Sie den Vogel möglichst nie mit bloßen Händen, denn er kann sehr schmerzhaft zubeißen. Außerdem würde der Vogel dann Ihre Hände mit dieser für ihn schockierenden Erfahrung verbinden. Um Vertrauen aufzubauen ist es deshalb wichtig, dass Sie dem Vogel mit Ihren Händen nur Gutes tun, ihm Leckerbissen bringen und ihn kraulen. Dann wird er bald keine Scheu mehr vor Ihnen haben, sondern Sie liebevoll mit seinem Schnabel beknabbern und auf Ihre Hand klettern.

> **TIPP** Wenn es nicht anders geht und Sie den Vogel fangen müssen: Benutzen Sie Lederhandschuhe, einen Kescher und/oder eine Decke zum Schutz vor Bissen.

... dann auf die Schulter

Hat der Vogel erst einmal Zutrauen zur Hand gefasst und sitzt gern darauf, dann entdeckt er schnell, dass der Platz auf der Schulter noch besser ist: Dort sitzt er ungestörter als auf der Hand und ist in Augenhöhe mit seinem Pfleger. Diese Nähe genießt der Sittich oder kleine Papagei und er lässt sich außerdem gerne in der Wohnung herumtragen. Ist der Vogel erst auf den Geschmack gekommen, wird es oft schwer, ihn von der Schulter wieder herunterzukriegen. Meist gelingt es, indem man langsam den Arm hochhebt, bis die Hand höher als die Schulter ist. Da Sittiche und Papageien gern auf dem höchsten Platz sitzen, um den Überblick zu haben, klettert der Vogel normalerweise an Ihrem Arm hoch und setzt sich auf Ihre Hand.

> **TIPP** Am Anfang sollten Sie Ihrem Vogel einen Leckerbissen anbieten, wenn er auf Ihrer Schulter sitzt. Sonst kann es sein, dass er Sie ins Ohrläppchen beißt, an Ohrringen reißt oder die Frisur durcheinander bringt.

Einige Vögel sitzen gerne auf dem Kopf

Der Kopf ist für frei fliegende Vögel ein optimaler Landeplatz. Die erste Landung ist häufig nicht geplant, der Vogel findet aber Gefallen daran. Wenn das Vertrauen erst einmal da ist, lässt er sich gerne – auf dem Kopf sitzend – durch die Wohnung tragen.

> **WICHTIG**
> Sittiche und Papageien sitzen gern in Augenhöhe des Menschen. So können Sie besser direkten Kontakt zu ihm aufnehmen, da für Vögel Augenkontakt und Mund-/Schnabelkontakt eine wichtige Art der Kommunikation sind.

So zutraulich geworden wird Ihr Vogel höchstens noch am Ohrläppchen knabbern.

Kann er sprechen lernen?

> **TIPP**
>
> Sprechen Sie mit dem Vogel vor allem während seiner natürlichen Ruhepausen. Die sind meist kurz vor Mittag und am späten Nachmittag. Dann hört er besonders gern zu, vor allem wenn er dabei gekrault wird. Das fördert auch die persönliche Bindung.

Unter den Sittichen und Papageien gibt es einige Arten, die sehr leicht sprechen lernen. Andere bemühen sich zwar, können aber die menschliche Stimme schlechter imitieren, und wieder andere sind gar nicht zum Sprechen zu bewegen. Jungtiere lernen am leichtesten, sie betrachten »ihren« Menschen als Artgenossen und versuchen dessen Sprache anzunehmen, um sich mit ihm verständigen zu können. Die besten Sprecher wie der Graupapagei ahmen auch in der Natur andere Tiere und sonstige Geräusche nach. Je mehr Anregungen der Vogel hat, desto größer ist die Wahrscheinlichkeit, dass er sprechen lernt. Sprechen Sie also viel mit dem Vogel selbst, aber auch in seiner Gegenwart. Wenn Sie berufstätig sind, lassen Sie im Vogelzimmer das Radio oder Fernsehgerät an. Sie können die Geräte über eine Zeitschaltuhr so einstellen, dass der Vogel regelmäßig Anregungen bekommt.

So üben Sie richtig

Manche Vögel unternehmen schon nach wenigen Tagen die ersten Sprechversuche. Meistens dauert es jedoch einige Wochen oder gar Monate. Sie können das Sprechenlernen fördern, brauchen aber Geduld. Beginnen Sie mit wenigen Wörtern. Diese sollten kurz und vokalreich sein, wie z. B. das Wort Jako, wie der Graupapagei oft genannt wird, oder auch Bimbo, Bubi, Henny, Lora, Pepi, Spatzi. Wiederholen Sie die gewünschten Wörter mehrmals täglich.

Spricht der Vogel sein erstes Wort, ist oft eine Hemmschwelle überwunden und er plappert fortan munter drauflos. Erstaunlicherweise sind oft Wörter darunter, die wir ihm nicht beigebracht haben, sondern die der Vogel nebenbei aufgeschnappt hat. Das Vorpfeifen einer kurzen Melodie ist immer ratsam, denn auch wenn ein Sittich oder Papagei kein Sprachtalent hat, so kann er vielleicht ein guter Pfeifer werden.

Unterricht per Tonkassette ist eine weitere Möglichkeit, dem Vogel Sprech- oder Pfeifunterricht zu erteilen. Im Handel gibt es Kassetten mit recht witzigen Texten. Natürlich können Sie zur Unterstützung ihres eigenen Unterrichts auch selbst eine Kassette besprechen.

> **ACHTUNG**
>
> Nähern Sie sich Ihrem Vogel mit einem kurzen Pfeifen, damit vermeiden Sie, dass er sich erschreckt. Meist reagiert er auch darauf – und darauf lässt sich dann leicht der Pfeifunterricht aufbauen.

Sprachbegabung

Die Sprachbegabung ist bei den einzelnen Papageienarten sehr unterschiedlich, aber auch von Vogel zu Vogel verschieden. Aber gerade die Fähigkeit sprechen zu lernen macht die Papageien für viele Menschen erst interessant. Wer sehr viel Wert darauf legt, dass der Vogel sprechen lernt, sollte bereits bei der Auswahl der Vogelart darauf achten, dass das Sprachtalent besonders ausgeprägt ist.

Talente erkennen

Die Talente und Interessen der einzelnen Vögel sind sehr verschieden, wirkliche Erfolge erzielen Sie nur dann, wenn Sie die speziellen Talente Ihres Vogels entsprechend fördern. Achten Sie darauf, ob der Vogel spricht oder pfeift. Auch sollten Sie beobachten, worauf er besonders reagiert. Diese Dinge wird er besonders gerne nachmachen. Ohne passende Situation lernt aber auch der talentierteste Vogel nicht sprechen.

Junge Weißstirnamazonen können sowohl das Nachsprechen von Wörtern als auch das Nachpfeifen von Melodien erlernen.

Das Vogelheim zum Wohlfühlen

Unabhängig davon, ob Sie Ihren Sittich oder kleinen Papagei in einem Käfig, einer Zimmer- oder Gartenvoliere halten möchten, die Unterkunft für Ihren Vogel muss einige Bedingungen erfüllen. Neben der richtigen Größe sind auch Standort und Einrichtung für die Entwicklung des Vogels sehr wichtig.

In Volieren – sowohl für drinnen wie auch für draußen – können Ziervögel ein annähernd artgerechtes Leben führen.

Sittiche und kleine Papageien werden bei uns in Käfigen und Volieren gehalten. Dies dient ihrem Schutz und bietet ihnen die Möglichkeit, in artgerechter, wenn auch kleiner, Umgebung ein ihren Bedürfnissen angepasstes Leben zu führen. Jeder Vogelhalter wird darauf achten, dass sein gefiederter Freund ein möglichst komfortables Vogelheim sein Eigen nennen kann. Das muss durchaus nicht immer teuer sein und passt häufig auch in eine kleine Wohnung. Auch der Geschmack des Vogelbesitzers spielt eine Rolle, die Bedürfnisse des Vogels dürfen dabei aber nicht zurückstehen.

Für jeden Vogel sein eigenes Heim

Damit jeder Vogel sich auch wirklich wohl fühlt, erkundigt sich der verantwortungsvolle Vogelbesitzer bereits vor der Anschaffung seines Vogels, welche Bedürfnisse und Ansprüche dieser hat. So kann ein praktisches Heim geschaffen werden, das den Vogel zufrieden stellt und für den Pfleger einfach zu reinigen ist. Die Größe des Vogels und die Zahl der gehaltenen Vögel sind wichtige Faktoren. Auch das verwendete Material ist von der Vogelart abhängig. Aber besonders die Auswahl des Standortes beeinflusst maßgeblich das Wohlbefinden und die Gesundheit des Vogels.

Der Standort

Er sollte hell sein und dem Vogel möglichst Sonne und Schatten bieten. Das Tier muss bei direkter Sonneneinstrahlung unbedingt die Möglichkeit haben, sich in den kühleren Schatten zurückzuziehen. Auch auf Zugluft und große Temperaturschwankungen sowie Tabakrauch reagieren Sittiche und Papageien äußerst empfindlich.

Der Käfig

Kleine Papageien und Sittiche fliegen in der Regel sehr gut und auch gern. Außerdem ist das Fliegen für die Vögel wichtig, damit sie gesund und fit bleiben. Daran sollten Sie denken, bevor Sie einen Käfig kaufen. Der Vogel soll seine Flügel benutzen können, auch wenn das nur in beschränktem Maße möglich sein wird.

Wie groß soll der Käfig sein?

Als Regel gilt: Der Käfig sollte etwa fünfmal so lang sein, wie der Vogel vom Kopf bis zum Schwanz misst. Ein Sperlingspapagei fühlt sich also in einem Käfig von 80 cm Länge schon wohl, ein Wellensittich in einem Käfig von einem Meter Länge. Für zwei Vögel gelten ungefähr die gleichen Maße, der Käfig muss also nicht doppelt so groß sein. Ein runder Käfig ist nicht artgerecht, da er seinem Bewohner keinen »Fluchtpunkt« bietet.

Anordnung von Sitzstangen und Käfigtüren

Die Sitzstangen (besser Zweige) sollten so weit voneinander entfernt angeordnet werden, dass der Vogel weit hüpfen oder sogar etwas fliegen muss, um von der untersten zur obersten Stange zu kommen. In der Regel genügen drei Stangen, eine recht weit oben, eine in der Mitte und eine möglichst weit unten im Käfig.

Der Käfig sollte mehrere Türen haben, die aber richtig angeordnet sein müssen. Die Futter- und Wassernäpfe, die Sie täglich säubern

---

WICHTIG

Achten Sie darauf, dass die Eingangstür des Käfigs einen gut funktionierenden Verschluss und eine Vorrichtung hat, um ein Vorhängeschloss anbringen zu können. Die meisten Sittiche und kleinen Papageien finden nämlich schnell heraus, wie sich der Käfig öffnen lässt.

und auffüllen müssen, sollten so erreichbar sein, dass Sie nicht in den Käfig greifen müssen.

Die Haupttür des Käfigs muss groß genug für Ihre Pfleglinge sein. Bei vielen Käfigen sind sie aber zu klein. Zwar passen die Vögel hindurch, weigern sich aber oft, für den Freiflug oder danach hindurchzuschlüpfen. Es hat sich bewährt, am Eingang eine Sitzstange oder einen Ast so zu befestigen, dass die Vögel darauf in ihren Käfig laufen können.

Wichtig ist auch, dass sich die Schublade im Unterteil leicht herausziehen lässt, damit Sie den Bodensand ohne Schwierigkeiten austauschen können. Die Größe der Schubladen sollte so bemessen sein, dass Sie diese gut im Freien oder in der Duschwanne gründlich reinigen können. Eventuell sollten also mehrere Schubladen vorhanden sein. Wenn Sie die Schubladen entfernen, müssen Sie darauf achten, dass die Vögel nicht wegfliegen können.

Sittiche oder Papageien laufen auch gerne auf dem Boden herum, deshalb darf die Fläche nicht zu klein und über dem Boden keinesfalls ein Gitter gezogen sein. Sand und Grit sind auch für den Stoffwechsel und die Verdauung der Vögel wichtig.

> **TIPP** Die frischen Zweige und Äste können von verschiedenen Laubbäumen sein, z. B. weiche Äste von Obstbäumen und Weiden oder auch Hartholzzweige von der Buche und Eiche.

In einem Sittichkäfig darf die Badegelegenheit nicht fehlen. Die Vögel brauchen Feuchtigkeit zur Gesunderhaltung ihres Gefieders.

> **TIPP**
>
> Ein kleiner Käfig wird bei Anschaffung einer Voliere oder eines geräumigen Käfigs nicht überflüssig. Er kann vielmehr als Reisekäfig dienen, wenn Sie Ihren Vogel im Auto mit in dem Urlaub nehmen möchten oder mit ihm zum Tierarzt müssen.

Die Volieren

Volieren sind sehr große Käfige, in denen die Vögel fliegen können. Die Größe kann den Gegebenheiten angepaßt werden. Vögel fühlen sich in einer Voliere wohler, als in einem Käfig, da sie mehr Bewegungsfreiheit haben. Auch kann man den Tieren weitaus mehr Beschäftigungsmöglichkeiten bieten, als in einem kleinen Käfig.

Die Zimmervoliere

Eine Zimmervoliere kann vom Fußboden bis zur Decke reichen, aber auch auf einen Unterschrank aufgebaut sein. In einer Zimmervoliere können Ihre Pfleglinge fliegen, klettern, herumlaufen und haben etwas zu tun. Sie verhalten sich viel natürlicher als im Käfig. Mit vielen Arten gelingt dann sogar die Zucht. Die Größe und Form einer Zimmervoliere richtet sich nach den Platzverhältnissen. Einige Volierenhersteller bauen daher sogar individuell nach Absprache. Eine Voliere kann natürlich auch im Eigenbau gefertigt werden. Eine Voliere, die bis auf den Fußboden reicht, muss begehbar sein. Man braucht daher eine etwa 1,30 m hohe Tür. Bei einer erhöht stehenden Voliere müssen viele kleinere Türen vorgesehen werden, um den gesamten Innenbereich erreichen zu können. Es ist ideal, wenn eine Zimmervoliere Tageslicht und etwas Sonne bekommt, doch sollte auch für künstliche Beleuchtung in Form von Tageslicht-Leuchtstoffröhren gesorgt werden. Sie wird vor allem an Wintertagen gebraucht. Zur Abgrenzung der Voliere gegenüber dem Zimmer haben die Hersteller ansprechende Element-Gitterteile konstruiert, mit denen man den vorhandenen Platz zum Wohl der Vögel optimal ausnutzen kann. Im unteren Teil der Voliere dienen meist Glas- oder Plexiglasscheiben als Trennwände, wodurch das Herausschleudern von Federn, Futterspelzen und Staub weitgehend vermieden wird. Als Sitzgelegenheiten eignen sich frische Äste und Zweige, die sich, wie Nistgelegenheiten, durch Halterungen an den Wänden anbringen lassen oder in Weihnachtsbaum- oder Schirmständer gestellt werden können. Der Boden der Zimmervoliere muss sich trocken und feucht reinigen lassen. Als Materialien kommen vor allem Kunststoffböden oder Fliesen in Frage. Zum Auswechseln des Bodensands sind Besen und Schaufel gefragt.

Das »Haus im Haus«: In der Zimmervoliere lebt es sich gut.

Die Gartenvoliere

Gartenbesitzer können Ihre Vögel in einer Gartenvoliere halten. Die Tiere fühlen sich unter solch naturnahen Bedingungen (natürlicher Tag-Nacht-Rhythmus, Sonnenlicht und natürliche Temperaturschwankungen) besonders wohl. Sie werden zwar meist nicht besonders zahm, bewahren sich aber ihr natürliches Verhalten. Sie sollten für kleinere Arten mindestens die Maße von 1 x 2 x 2 m, für etwas größere Arten die von 1 x 3 x 2 m bis 1 x 4 x 2 m aufweisen.

Das Material hängt von der Art der Vögel ab

Es hängt von der Vogelart ab, ob Sie den Rahmen der Gartenvoliere aus Holz oder Metall machen müssen. Die drahtbespannten Rahmen werden auf einem Fundament aus Beton oder Mauersteinen verankert. Das Fundament sollte 50 cm tief in die Erde reichen, damit keine Ratten, Mäuse oder Wiesel in die Voliere eindringen können. Ein betonierter Boden ist am besten zu reinigen. Andererseits fühlen sich die Vögel auf einem naturbelassenen Boden wohler.

> **WICHTIG**
>
> Viele Arten vertragen die winterlichen Temperaturen unserer Breiten nicht. So können Minusgrade zu Erfrierungserscheinungen an den Füßen führen. Die Vögel müssen daher entweder im Winter ums Haus geholt werden oder die Möglichkeit haben, sich in eine an die Gartenvoliere angrenzende frostsichere Innenvoliere zurückzuziehen.

> **TIPP** Katzen, Marder und andere Störenfriede hält man am besten mit einer elektrischen Weidezaunanlage (die Drähte in 50–60 cm Höhe und am oberen Rand um die Voliere führen) von den Volieren fern.

Eine Gartenvoliere bietet Vögeln den besten Ersatz für ein artgerechtes Leben.

Freiflug im Zimmer

Freiflug sollte ein Vogel so oft wie möglich bekommen. Viele Vogel-liebhaber lassen ihren Sittich oder Papagei den ganzen Tag lang frei in der Wohnung oder in einem Zimmer. Wenn Sie Ihren Vogel frei um-herfliegen lassen möchten, müssen Sie damit rechnen, dass er sich an Möbeln, Kabeln oder Zimmerpflanzen zu schaffen macht. Deshalb muss das Zimmer unbedingt vogelsicher eingerichtet sein. Das bedeu-tet, dass alles, was dem Vogel gefährlich werden könnte, entfernt werden muss. Dazu gehören vor allem Zimmerpflanzen, die für Ihren Vogel giftig sind:

WICHTIG

Da sich der Vogel frei in Räumen bewegt, besteht die Gefahr, dass man auf ihn tritt, wenn er am Bo-den läuft. Achten Sie auch darauf, wenn Sie die Tür schließen. Sitzt er darauf, können Sie ihm die Füße quetschen.

GIFTIGE PFLANZEN FÜR SITTICHE UND PAPAGEIEN

Tödlich giftig	können schwere Krank-heiten hervorrufen	verursachen leichtere Erkrankungen
Adonisröschen	Akazien	Arnika
Anemonen	Blaustern	Buchsbaum
Aronstab	Eisenhut	Efeu
Calla	Faulbaum	Flamingoblume
Christrose	Gottesgnadenkraut	Goldtrompete
Christusdorn	Heckenkirsche	Monstera
Dieffenbachia	Jelängerjelieber	Philodendron
Euphorbien	Kornrade	Schefflera
Goldregen	Leberblümchen	Wacholder
Herbstzeitlose	Liguster	
Hyazinthen	Mahonie	
Kirschlorbeer	Mistel	
Kleines Immergrün	Nelken	
Korallenstrauch	Porzellanblume	
Küchenschelle	Rittersporn	
Maiglöckchen	Robinie	
Narzissen	Sauerklee	
Nieswurz	Schlafmohn	
Oleander	Stechpalme	
Pfaffenhütchen	Trollblume	
Primeln	Veilchen	
Seidelbast	Waldgeißblatt	
Stechapfel	Weihnachtsstern	
Wolfsmilchgewächse insgesamt	Wunderstrauch	
	Zwergmispel	

Sicherheit für den Vogel

Sicherheitshalber sollten Sie auch immer die Gardinen zuziehen, wenn Ihr Sittich oder Papagei im Zimmer frei herumfliegt. Denn auch wenn er die Umgebung kennt, kann er gegen eine Scheibe fliegen. Ein an der Wand stehender Schrank kann für den Sittich oder Papagei ebenfalls ein Risiko sein, weil der Vogel in den Spalt zwischen Schrank und Wand rutschen kann. Kleine Papageien und Sittiche machen sich auch gerne über offen herumliegende Stromkabel her und können so einen Schlag bekommen.

> **TIPP** Mit einer an den Schrank angeschraubten Leiste lässt sich der gefährliche »Abgrund« hinter dem Schrank schließen.

Vögel können einiges beschädigen

Die Vögel können natürlich auch einiges beschädigen. Sie knabbern gerne an Möbeln und Wänden bzw. Tapeten. Das kann man leider nicht ganz verhindern. Abhilfe schafft ein mineralhaltiger Kalkstein oder ein altes Mörtelstück (vorher gut wässern und wieder trocknen lassen), an denen sich die Knabberer austoben können.

> **WICHTIG**
> Herumstehende größere Vasen und andere zerbrechliche Gegenstände sind gefährdet, denn wenn der Vogel darauf landet, können sie umfallen und kaputtgehen.

Einen solchen Kletterbaum nutzen die Vögel zum Abschleifen des Schnabels und der Krallen.

> Zum Spielen geeignet:
> - unbehandeltes Naturholz mit Rinde
> - Kauknochen aus Büffelhaut (wie bei Hunden)
> - Hundekuchen

TIPP Um den Kletterbaum kippsicher zu verankern und gleichzeitig möglichst lange frisch zu halten, müssen Sie ihn in einen stabilen Weihnachtsbaumständer schrauben und diesen mit Steinen und Wasser füllen.

Klettern, spielen, baden

Lassen Sie Ihrer Kreativität freien Lauf. Basteln Sie Spielzeug und Klettermöglichkeiten selbst.

Der Kletterbaum wird meistens sofort zum Lieblingsplatz für jeden Krummschnabel und auch der Besitzer kann sich keinen besseren Kontakt zum Vogel wünschen. Ein verzweigter Ast von einer Buche, Eiche oder Esche hält dem Schnabel einige Zeit stand, ansonsten eignen sich aber auch Äste von Obstbäumen und anderer Weichhölzer.

Die Verschmutzung des Zimmers hält sich in Grenzen, wenn Sie unterhalb des Kletterbaums eine große mit Sand gefüllte »Schale« für Futterreste, Samenspelzen, Federn und Vogelkot positionieren. Sie kann nicht groß genug sein und kann auch – wie Sandkisten für kleine Kinder – aus Kunststoff hergestellt sein. Aus genügend hohen Brettern und Teichfolie können Sie eine solche Auffangschale auch selbst bauen. Futter- und Trinknapf werden an einem Ast des Kletterbaums angebracht.

Sinnvolles Spielzeug

Sinnvolles Spielzeug für Sittiche und kleine Papageien sind vor allem Klettergeräte und Schaukeln, die von den meisten Vögeln geliebt und darum sehr häufig benutzt werden. Ein in seiner Stärke der jeweiligen Vogelart angepasstes Hanftau dient den Tieren oft sowohl zum Klettern und Schaukeln als auch zum Nagen. Sind auf dem Tau kleine Holzstücke oder -kugeln aufgereiht, erhöht das für viele Vögel den Reiz zum Spielen.

Ein Glöckchen darf auch im Käfig sein, während ein Spiegel oder ein Plastikvogel als »Schein«-partner darin nichts zu suchen hat. Manche Vögel sehen in ihrem Spiegelbild oder dem künstlichen Artgenossen einen vermeintlichen Konkurrenten, den es zu vertreiben gilt, und werden zunehmend aggressiver, da der »Eindringling« ja nicht zurückweicht. Männchen glauben häufig auch, ein Weibchen vor sich zu haben, balzen daher unentwegt mit ihrem Spiegelbild und reagieren kaum noch auf die Umwelt. Besser ist es, viel mit dem Vogel zu spielen. So bleibt das Interesse an der Umwelt und an seinem Pfleger erhalten.

Gut macht sich der Kletterbaum im Kübel.

Badespaß

Nicht alle Vögel baden gleich gern, trotzdem sollten Sie Ihrem Vogel immer wieder die Gelegenheit dazu geben. Einige Vögel müssen sich erst an ein Bad gewöhnen. Es kann oft einige Wochen dauern, bis sie die Bademöglichkeit annehmen. Manchmal setzen sie sich nur auf den Rand und tauchen mit dem Schnabel immer wieder ins Wasser. So bespritzen sie ihr Gefieder und dabei trinken die Tiere übrigens auch oft sehr ausgiebig.

Viele Sittiche und kleine Papageien sind nicht zum Baden in einem Badehäuschen oder in einer Schale zu bewegen. Um ihnen dennoch ein Bad zu ermöglichen, können Sie ihnen ein feuchtes Salatblatt in den Käfig oder die Voliere legen.

Halten Sie Ihre Vögel in der Gartenvoliere auf Grasboden, können Sie auch das Gras besprühen. Darauf befeuchten die Vögel dann ihr Gefieder. Manche Sittiche und kleine Papageien lieben es auch, mit Wasser aus einem Blumensprüher oder aus der fein eingestellten Düse des Gartenschlauchs besprüht zu werden.

> **TIPP** Fügen Sie dem Badewasser Mineralien und Spurenelemente in flüssiger Form zu, die Sie im Fachhandel bekommen. Da die Vögel das Badewasser auch trinken, nehmen sie so lebenswichtige Stoffe zu sich.

Badebehälter müssen täglich gereinigt und mit frischem Wasser gefüllt werden, damit die Vögel kein verschmutztes Wasser trinken.

Die Ernährung,
Gesundheit für den Vogel

Vögel sind Körnerfresser. In der Natur finden sie ein reichhaltiges Angebot verschiedener Samen, Pflanzen und Keimlinge. Im Käfig ist der Vogel davon abhängig, was wir ihm anbieten. Um seine Gesundheit und sein Wohlergehen zu gewährleisten, ist eine ausgewogene Zusammensetzung des Futters wichtig.

Bieten Sie Ihren Vögeln ein möglichst abwechslungs-reiches Futter, damit sie alle für ihre Gesundheit erforderlichen Stoffe erhalten.

Besonders einzeln gehaltene und sehr zahme Vögel, die überwiegend frei in der Wohnung herumfliegen, bekommen immer mal wieder einen Happen vom Essenstisch oder der Kaffeetafel. Irgendwann beginnen die Vögel dann regelrecht zu betteln. Viele unserer Nahrungsmittel sind für sie jedoch äußerst schädlich. Eine gesunde Ernährung ist aber sehr wichtig für das Wohlbefinden des Vogels.

Gesunde Vielfalt

Die Ernährung von Sittichen und Papageien ist durch das im Handel erhältliche Angebot einfach. Allerdings sollte der verantwortungsbewusste Vogelhalter nicht nur Fertigfutter anbieten. Zu Mangelerscheinungen kann es kommen, wenn nicht die entsprechenden Zusätze gegeben werden.

Futter ist für Vögel, die einen großen Teil des Tages mit der Futteraufnahme beschäftigt sind, sehr wichtig. Sie wählen sich aus dem Angebot die Dinge heraus, die sie besonders gerne fressen. Gerade Vögel, die nur im Käfig gehalten werden, müssen auch Obst und Gemüse erhalten. Die Vorlieben Ihres Vogels werden Sie schnell erkennen, denn er wird die Nahrung ablehnen, die ihm nicht schmeckt.

Körnerfutter

Körner bilden den Hauptanteil der Nahrung von Sittichen und Papageien. Dabei werden sowohl ölhaltige Samen genommen als auch kohlenhydratreiche. Faustregel: Je größer die Papageien, desto mehr Ölsaaten im Verhältnis zu den kohlenhydratreichen Samen werden aufgenommen. Bei den hier besprochenen Papageienarten sollten die ölhaltigen Samen 50–65 % des gesamten Körnerfutters ausmachen.

> **WICHTIG**
> Achten Sie beim Kauf von Körnerfutter auf gute Qualität! Futter mit Schimmelbefall kann für die Vögel tödlich sein. Gutes Futter erkennt man daran, dass es
> ✣ gut riecht,
> ✣ nicht staubt,
> ✣ eine nahezu 100 %ige Keimfähigkeit besitzt.

Unterschiedlicher Bedarf bei den Vögeln

Bei größeren Sittichen geht man von einem Ölsamenanteil von annähernd 30 % aus. Dagegen wird von Unzertrennlichen, von anderen kleinen Sittichen und von Wellensittichen überwiegend kohlenhydratreiche Nahrung aufgenommen. Bei ihnen machen die ölhaltigen Samen nur ca. 10 % aus. Sie können im Handel Fertigfuttermischungen oder die Saaten einzeln kaufen, wobei Sie letztere in offenen Behältern richtig lagern müssen (nicht über 20 °C und einer Luftfeuchtigkeit von 50 %).

Wenn Sie das Futter selbst mischen möchten, müssen Sie besonders auf die Zusammenstellung achten, damit die Vögel ausgewogen ernährt werden. Es reicht nicht aus, wenn die Vögel nur die Körner erhalten, die sie bevorzugen.

Kontrollieren Sie regelmäßig, ob der Futterautomat funktioniert, damit der Vogel auch wirklich sein Futter bekommt.

SAMEN IN KÖRNERFUTTER

Ölhaltige Samen		Kohlenhydratreiche Samen
Bucheckern	Pistazien	Gerste
Erdnüsse	Sesamsaat	Glanz
Haselnüsse	Sonnenblumenkerne	Grassamen
Hanf	Walnüsse	Hafer
Kürbiskerne		Kolbenhirse
Leinsamen		Mais
Mandeln		Milocorn (Sorghum)
Mohn		Platahirse
Negersaat		Reis
Paranüsse		Rote Hirse
Perillasaat		Silberhirse
Pinienkerne		Weizen

Keimfutter

Neben trockenem Körnerfutter sollte Sittichen und Papageien auch gekeimtes Körnerfutter angeboten werden, besonders wenn sie Obst oder Grünfutter verschmähen. Auf diese Weise kann man einer einseitigen und damit auf Dauer krankmachenden Ernährung vorbeugen. Durch den Keimprozess werden die Samen aufgeschlossen und damit für die Vögel besser verdaulich. Die Samen werden auch vitaminreicher und schmackhafter, deshalb mögen Vögel gekeimte Samen entschieden lieber als trockene! Steppenbewohnende Arten kommen durch eine erhöhte Keimfuttergabe sogar in Brutstimmung, da sie in ihrer trockenen Heimat nur in der Brutzeit, die unmittelbar der Regenzeit folgt, keimende Samen finden.

So wird Keimfutter zubereitet

- Füllen Sie morgens die Tagesration des Körnerfutters in ein Plastiksieb, hängen Sie das Sieb in eine Schüssel und gießen Sie Wasser auf, bis alle Samen bedeckt sind.
- Nach 12 Stunden spülen Sie das Keimfutter im Sieb kräftig unter fließendem Wasser ab und hängen das Sieb für weitere 12 Stunden in die wassergefüllte Schüssel.
- Nach den weiteren 12 Stunden sind die Samen bei einer Raumtemperatur von 22 °C so weit gequollen, dass Sie das Wasser abschütten können. Spülen Sie die Samen wieder unter fließendem Wasser gründlich ab. Die Samen sollten nun weitere 24 Stunden ohne Wasser im Sieb in der Schüssel verbleiben. Das Sieb sollten Sie mit einer Untertasse, einer Glas- oder Plastikscheibe zudecken, um ein zu starkes Austrocknen der Körner zu vermeiden. Hängt das Sieb in der leeren Schüssel, kann genügend Luft um das Keimgut zirkulieren. Auf diese Weise wird ein Säuern oder Schimmeln der angekeimten Samen vermieden.
- Nach insgesamt 48 Stunden durchbrechen Spitzen die Körner. Bei einer Raumtemperatur von nur 18-20 °C kann es auch einen Tag länger dauern. Jetzt können Sie das Keimgut verfüttern. Ist es noch zu feucht, können Sie es kurz im Sieb auf ein Frotteetuch stellen, um die restliche Feuchtigkeit zu entfernen.

> **ACHTUNG**
> Machen Sie vor dem Verfüttern eine Geruchsprobe mit dem Keimfutter. Es sollte geruchsneutral sein oder nur einen leicht nussartigen Geruch haben. Riecht es faulig oder sauer, ist es verdorben und muss weggeschüttet werden.

> **TIPP**
> Aus hygienischen Gründen sollten Sie für die Bereitung des Keimfutters wenigstens 3–4 Siebe und Schüsseln zur Verfügung haben.

Denken Sie beim Keimfutter daran, dass es leicht zu schimmeln beginnt – dann sofort wegwerfen.

Trinkwasser

> **TIPP**
> Schwarzer Tee kann bei Durchfall Wunder wirken, sollte aber wirklich nur als Medikament gegeben werden.

Kleinere Papageien und Sittiche haben ein recht unterschiedlich entwickeltes Trinkbedürfnis, je nachdem ob sie ursprünglich aus ganzjährig wasserreichen Gebieten oder aus Steppen und Savannen mit trockenem Klima stammen. Unabhängig von den Bedingungen in ihrem natürlichen Verbreitungsgebiet müssen wir ihnen aber stets ausreichend frisches Wasser zur Verfügung stellen. Wenn Ihr Trinkwasser Chlor enthält, sollten Sie das Wasser abkochen oder einige Stunden abstehen lassen, damit das Chlor entweichen kann. Ist das Wasser durch Schadstoffe, vor allem Schwermetalle, belastet, ist es ratsam, es zu filtern oder auf kohlensäurefreies Mineralwasser auszuweichen. Das Trinkwasser können Sie in Näpfen oder Wasserspendern reichen. Das Wasser im Trinknapf verschmutzt schneller. Aber auch das Wasser im Wasserspender sollte täglich erneuert werden. So vermeiden Sie Erkrankungen, die durch verunreinigtes Trinkwasser verursacht werden können.

Über Sepiaschalen nehmen die Vögel den notwendigen Kalk auf.

Mineralstoffe und Co.

Wie für alle Vögel sind Mineralstoffe, Spurenelemente und Vitamine auch für Sittiche und Papageien lebensnotwendig, um ihre Stoffwechselfunktionen aufrechtzuerhalten. Diese Substanzen werden im Gegensatz zu den Hauptnährstoffen (Eiweiß, Kohlehydrate, Fett) nur in kleinsten Mengen benötigt, doch wenn sie fehlen, sind Wachstum und Gesundheit der Vögel gefährdet.

Mangelerscheinungen vorbeugen

Mineralstoffe und Spurenelemente findet der Vogel in seiner Nahrung, allerdings nicht immer in ausreichender Menge. Um Mangelerscheinungen zu vermeiden, müssen Sie ihm daher einige Mineralstoffträger zur Verfügung stellen. Das können Vogelgrit, zerstoßene Schalen gekochter Hühnereier, Sepiaschalen, ein harter Mineralstein, Vitakalk oder ein ähnliches Präparat in Pulverform sein. Um Ihren Vogel ausreichend mit Vitaminen zu versorgen, sollten Sie ihm neben dem genannten Keim- und Körnerfutter regelmäßig auch Grünfutter und Obst anbieten. Blähende Kohlsorten wie Weißkohl oder Wirsing sollten Sie nicht anbieten. Chinakohl, Kohlrabi und Eisbergsalat sind hingegen gut geeignet.

TIPP Wird ein Vogel durch Brut, Mauser, Krankheit oder Stress stärker beansprucht, können geringe Mengen eines Multivitamin- oder Vitamin-B-Präparates den Mehrbedarf decken.

Nicht alles ist gesund!

Das Zufüttern bestimmter Nahrungsmittel bereichert zwar die Ernährung der Vögel, aber vieles ist auch sehr ungesund für das Federvieh. So haben z. B. Salzstangen, Chips, Bonbons, Schokolade, Fleisch, Wurst, Schinken, Fisch, würziger Vollfettkäse oder Getränke wie Kaffee, kohlensäurehaltige Sprudel, Coca-Cola und natürlich auch Alkohol in einem Vogelmagen nichts zu suchen. Sie sollten darauf unbedingt auch Ihre Kinder dinweisen..

Was wir in kleinen Mengen geben können, sind gekochte Teigwaren (Nudeln), Kartoffeln, Weißbrot mit wenig Honig, Zwieback, Kekse und Kuchen (wenn sie nicht zu fetthaltig und zu süß sind), mageres Kochfleisch, einen Kalbsknochen zum Benagen, Quark und fettarmer, milder Käse. Auch gedünstetes Gemüse, wenn ungewürzt und nur leicht gesalzen, sind gut verträglich.

Krankheiten erkennen und behandeln

Die Gesundheit Ihres Vogels liegt Ihnen am Herzen. Nur ein gesunder, munterer gefiederter Freund kann Ihnen wirklich Freude bereiten. Nicht immer können Sie ihn vor Krankheiten bewahren, aber mit der entsprechenden Behandlung können Sie ihm sehr häufig helfen. Er dankt diese Mühe mit Liebe und Lebensfreude.

Gesunde Sittiche und kleine Papageien haben ein glänzendes Gefieder und zeigen ihre Lebensfreude.

Die richtige Ernährung und Pflege Ihrer Sittiche und Papageien ist der beste Schutz vor Erkrankungen. Wenn trotzdem eine Krankheit auftreten sollte oder Sie einen bereits erkrankten Vogel bekommen, dann zögern Sie nicht lange mit dem Besuch bei einem Tierarzt. So schützen Sie bei ansteckenden Krankheiten auch Ihre anderen Vögel. Erkundigen Sie sich, bevor Sie zum Tierarzt fahren, ob er über ausreichend Erfahrung mit Behandlung von Sittichen und kleinen Papageien verfügt. Einige Tierärzte und Tierkliniken haben sich auf die Behandlung von Vögeln spezialisiert.

Krankheiten erkennen

Wichtig für Sie ist, dass Sie die Krankheiten frühzeitig erkennen. Nicht immer ist die Krankheit deutlich sichtbar, häufig erkennt man sie nur am veränderten Verhalten des gefiederten Freundes. Schenken Sie Ihrem Sittich oder kleinen Papageien also genügend Aufmerksamkeit.

Bei den empfindlichen Sittichen und kleinen Papageien ist die Chance auf Heilung viel größer, wenn eine Krankheit früh erkannt wird. Auf den folgenden Seiten werden die häufigsten Krankheiten und Verletzungen vorgestellt.

Krankheiten und Verletzungen

Äußere Krankheiten und Verletzungen fallen dem Pfleger eher auf, als andere Krankheiten, da sie offensichtlich sind. Dies setzt allerdings voraus, das Sie Ihren Vogel täglich genau betrachten, damit Ihnen diese Krankheiten und Verletzungen auch auffallen. Es handelt sich hierbei nicht nur um Verletzungen, sondern auch um Erkrankungen der Haut und des Gefieders. Nachfolgend sind die häufigsten äußeren Krankheiten und Verletzungen aufgeführt.

Stockmauser

> **ACHTUNG**
>
> Stockmauser ist immer ein Hinweis darauf, dass etwas bei der Haltung oder auch Ernährung nicht stimmt.

Eine Stockmauser, d. h. ein langanhaltender oder in kleinen Schüben verlaufender Wechsel des Gefieders, kommt nur gelegentlich bei Sittichen und kleinen Papageien vor. Verursacht wird sie meistens durch veränderte Haltungsbedingungen wie z. B. eine Veränderung der Temperatur oder der Luftfeuchtigkeit, aber auch durch Mangel an Mineralstoffen, Vitaminen und Aminosäuren. Verbessert man die Standortbedingungen und die Versorgung mit Vitalstoffen, dann setzt ein sonst gesunder Vogel seine Mauser wieder normal fort.

Bindehautentzündung

Ursachen für eine Bindehautentzündung sind meistens Zugluft, Tabakrauch, Kochdämpfe, Pflanzensprays, manchmal auch Fremdkörper im Auge. Durch Viren oder Bakterien wird eine leichte, unbehandelte Rötung zu einer ernst zu nehmenden Entzündung. Dann ist eine erfolgreiche Behandlung in der Regel nur noch mit Anitbiotikum-Augensalbe möglich, die der Tierarzt verschreibt.

Leider wird das Abheilen einer Bindehautentzündung oft durch das Verhalten des Vogels verzögert, weil er die juckenden Augen an den Sitzstangen reibt und Sand und Futterspelzen oft an den wässernden Lidern hängen bleiben. Sind die Augen zugeklebt, was morgens häufig der Fall ist, hilft vorsichtiges Ausspülen mit destilliertem Wasser. Notfalls können Sie den erkrankten Vogel in einen kleinen Käfig ohne Sitzstangen und ohne Sand setzen. Den Käfigboden legen Sie mit Pappe oder Haushaltspapier aus.

Blutende Wunden

Die Vögel können sich beim Freiflug und auch im Käfig verletzen. Verletzungen resultieren manchmal von einem Streit. Sehen Sie eine blutende Wunde, ist zuerst das Blut zu stillen. Eine größere Wunde sollte vom Tierarzt genäht werden. Bei kleinen Wunden reicht Blutstillen. Setzen Sie den Vogel in einen Käfig um, der mit Haushaltspapier oder Pappe ausgelegt ist. Bei Fußverletzungen könnte sonst Sand an der Wunde kleben bleiben.

> **TIPP** Zur Blutstillung eignet sich Eisenchloridwatte. Sie wird mehrere Minuten auf die Wunde gehalten. Die gleiche Wirkung wird durch Bestreuen der Wunde mit Staub- oder Puderzucker erreicht.

Übermäßiger Krallen- und Schnabelwuchs

Bei den meisten Sittichen und Papageien kommt übermäßiger Krallenwuchs nicht vor. Sollte das Beschneiden nötig sein, lassen Sie es sich vom Tierarzt zeigen. Sonst besteht die Gefahr, dass Sie Blutgefäße und Nervenenden treffen. Verwendet wird eine Nagelzange oder ein Nagelclip. Man hält 2–3 mm Abstand vom durchbluteten Hornbereich (nur bei hellen Krallen sichtbar). Wächst die Spitze des Oberschnabels zu lang, ist es Sache des Tierarztes, diese zu kürzen. Meistens nutzt sich die Schnabelspitze auf natürliche Weise ab, wenn der Vogel einen harten Mineralstein hat.

Kahle Stellen im Gefieder

Für kahle Stellen gibt es verschiedene Ursachen. Gegenseitiges übermäßiges Kraulen kann verantwortlich sein. Das ist oft in einem beengten Käfig zu beobachten und kann zur Gewohnheit werden. »Befressenen« Vögeln fehlen Federn vor allem am Kopf. Eine größere Unterkunft und mehr Beschäftigung helfen oft. Manchmal beginnt ein einzelner Vogel sich selbst Federn auszurupfen. Oft geschieht das, wenn er erwachsen wird. Einen Vogel am Rupfen zu hindern ist schwer. Im Zoofachhandel gibt es Mittel zum Besprühen, die bitter schmecken. Sie helfen jedoch selten. Ein Artgenosse zur Gesellschaft hilft in den meisten Fällen.

Ursache können auch Federlinge oder Grabmilben sein. Sie nisten sich an Federn oder deren Wurzeln ein. Das verursacht schütteres Gefieder und kahle Stellen, häufig im Nacken- und Ohrbereich. Zur Behandlung lesen Sie im Kapitel über Parasiten nach (S. 44).

Mangelerscheinungen, aber auch psychische Ursachen wie Stress, Langeweile oder Einsamkeit können Auslöser des Federrupfens sein.

Innere Krankheiten

Innere Krankheiten sind oft nur schwer zu erkennen. Sie fallen meist erst dann auf, wenn der Vogel mit gesträubtem Gefieder herumsitzt und nicht mehr frisst. Auch Kot kann Hinweise geben. Innere Erkrankungen sind nicht immer leicht zu behandeln.

Sittiche und kleine Papageien haben ein recht robustes Verdauungssystem. Kommt es dennoch zu Durchfall, dann ist die Erkrankung ernst zu nehmen. Hauptursache ist verdorbenes Futter, vor allem Keimfutter. Auch eine Erkältung kann zu Durchfall führen. Ist der Grund für den Durchfall nicht erkennbar, gehen Sie mit dem Vogel zum Tierarzt und nehmen Sie auch eine Kotprobe mit. Anhand dieser kann in der Regel der Krankheitserreger festgestellt und das richtige Medikament verschrieben werden.

> **TIPP** Bei Fettgeschwulsten helfen viel Bewegung und ein weniger gehaltvolles Futter. Als Sitzgelegenheit sollten Sie frische, krumme Zweige verschiedener Stärke von Weichhölzern verwenden.

Fettgeschwulst

Einige Sittiche und kleine Papageien, vor allem Wellensittiche, bekommen leicht Fettgeschwulste in der Bauchgegend. Diese Fettablagerungen können die Größe einer Walnuss erreichen. Sie sind für den Vogel zwar nicht schmerzhaft, behindern ihn jedoch in seiner Bewegungsfreiheit bis hin zur Flugunfähigkeit.

Zu wenig Bewegung und zu gute Ernährung sowie der Druck harter Sitzstangen auf immer den gleichen Teil des Bauches sind Ursachen für die Fettgeschwulst. Eine operative Entfernung der Fettgeschwulst durch den Tierarzt ist für den Vogel nicht ungefährlich.

> **WICHTIG**
> Bei einem Bruch sollten Sie mit dem Vogel sofort zum Tierarzt gehen. Er kann die Bruchstellen am Flügel oder am Bein fachmännisch zusammenfügen und schienen.

Knochenbrüche

Zu Brüchen kommt es meist durch einen heftigen Aufprall auf ein Hindernis oder wenn der Vogel mit dem Flügel oder einem Fuß an Gitterteilen hängen bleibt. Die Heilungschancen hängen von der Schwere des Bruchs ab. Eine hundertprozentige Wiederherstellung gelingt selten. Oft wird der Vogel etwas flugbehindert bleiben oder den Fuß nicht ganz gerade stellen können. Besteht keine Aussicht mehr, dass der Vogel seine Flugfähigkeit wiedererlangt, wird der Tierarzt zum Einschläfern raten.

| Quick Info | Eingewöhnung | Vogelheim | Ernährung | **Gesundheit** | Arten | Kinder Spezial |

Kokzidiose

Diese einzelligen Parasiten können in der Darmschleimhaut aller Papageien vorkommen. Durch die starke Vermehrung der Erreger kommt es zu Vitamin-B-Mangel sowie Darmblutungen mit stark angeschwollenem Leib. Häufig tritt nach einigen Tagen der Tod ein. Deshalb muss das kranke Tier schnell vom Tierarzt behandelt werden. Bei den ersten Krankheitssymptomen sollte eine Kotuntersuchung erfolgen.

Legenot

Zu Legenot kommt es eigentlich nur, wenn die Vögel in Gartenvolieren leben und ein plötzlicher Kälteeinbruch die Muskulatur verkrampfen lässt. Auch wenn Weibchen noch zu jung sind, können sie Schwierigkeiten haben, das Ei abzustoßen. Die Tiere hocken aufgeplustert auf dem Boden und haben große Schmerzen. Die Umgebung der Kloake ist verdickt und gerötet. Das Ei können Sie erfühlen. Wird nicht sofort geholfen, geht das Tier in wenigen Stunden ein.

> **ACHTUNG**
>
> Die Ansteckungsgefahr für gesunde Vögel ist sehr groß, da die Kokzidiose seuchenartig um sich greift. Sondern Sie daher den kranken Vogel ab. Außerdem müssen alle Käfige, Geräte und Räume gründlich desinfiziert werden.

> **WICHTIG**
>
> Bei Legenot müssen Sie sofort mit Wärme behandeln:
> ✏ Infrarot bis max. 35 °C
> ✏ Den Afterbereich vorsichtig kreisend mit lauwarmem Speiseöl einreiben
> ✏ Den Körper in feuchtwarmes Tuch einwickeln

Bei Legenot ist auch der Darm eingeklemmt, so dass der Vogel keinen Kot absetzen kann.

Papageienkrankheit

Die Papageienkrankheit, auch Psittacose genannt, wird durch ein Virus verursacht, das alle Papageienvögel befallen kann. Übertragen wird die Krankheit vor allem von Vögeln, die aus unsauberen Haltungsbedingungen stammen und in zu engen räumlichen Verhältnissen gehalten wurden.

Der Verlauf der Papageienkrankheit folgt keinen typischen Symptomen. Meist ähnelt sie zunächst einer Erkältung mit Nasenausfluss, Durchfall und Mattigkeit, Atemnot und piepsenden Geräuschen. Danach können Krämpfe und Lähmungen auftreten. Die Krankheit verläuft nicht immer tödlich, manche Vögel erkranken nur leicht und werden wieder gesund.

Bei Verdacht auf Psittacose ist umgehend der Tierarzt zu rufen. Erkrankte Vögel werden unter Quarantäne gestellt und unter Aufsicht des Tierarztes mit antibiotikahaltigem Futter behandelt. Weil die Papageienkrankheit auch für Menschen ansteckend ist, muss jede Zucht von Sittichen und Papageien der Gesundheitsbehörde gemeldet werden.

> **WICHTIG**
>
> Die Papageienkrankheit ist meldepflichtig, weil auch Menschen an ihr lebensgefährlich erkranken können! Sie macht sich als Erkältung bemerkbar, bis hin zur Lungenentzündung. Erwähnen Sie bei solchen Symptomen unbedingt dem Arzt gegenüber, dass Sie Papageien halten.

Vorsicht bei engem Kontakt mit Ihrem erkrankten Vogel; Sie können sich leicht mit der Papageienkrankheit anstecken.

Pilzbefall

Schimmelpilze können frisch importierten sowie jungen Papageien und Sittichen gefährlich werden. Solche Vögel sind geschwächt oder wenig widerstandsfähig. Schimmelpilze gedeihen besonders gut in feuchter Wärme, an ungenügend getrockneter Kolbenhirse, feuchtem Kot und faulenden Holzteilen, vor allem in der Nähe von Trink- und Badegefäßen.

Die eigentlichen Krankheitserreger sind die so genannten Sporen der Pilze. Sie werden von den Vögeln eingeatmet und setzen sich in der Lunge und den Luftsäcken der Tiere fest. Dort erschweren sie den befallenen Vögeln das Atmen und lassen sie so langsam und qualvoll ersticken.

> **WICHTIG**
>
> Da es gegen Pilzbefall kein wirksames Medikament gibt, ist Vorbeugung der einzige Schutz. Wählen Sie das Futter sorgfältig aus und achten Sie auf Sauberkeit.

Rennerkrankheit

Diese Krankheit taucht besonders beim Wellensittich, aber auch bei Unzertrennlichen und verschiedenen anderen Sittichen und kleinen Papageien auf. Gerade flügge gewordene Jungvögel verlieren plötzlich ihre Schwung- und Schwanzfedern. Da die Vögel dadurch die Flugfähigkeit einbüßen, hat man sie »Renner« oder »Hopser« genannt.

Einigen Rennern wachsen die Federn wieder nach, doch die meisten bleiben ihr Leben lang flugunfähig. Zwar wachsen ab und an frische Flugfedern, doch bleiben diese verkümmert oder fallen immer wieder aus. Die Ursache der Krankheit und eine Behandlungsmöglichkeit sind noch nicht gefunden worden.

Schilddrüsenvergrößerung

Diese Erkrankung tritt vor allem beim Wellensittich auf. Äußerlich ist die vergrößerte Schilddrüse kaum sichtbar, nach innen drückt sie allerdings auf Luftröhre und Kropf und führt zu Atembeschwerden.

Verantwortlich für diese Erkrankung ist jodarmes Wasser. Daher bieten mittlerweile viele Hersteller jodierte Produkte an, die einer Schilddrüsenvergrößerung vorbeugen. Leidet ein Vogel bereits unter einer vergrößerten Schilddrüse, was sich durch angestrengtes, japsendes Atmen bemerkbar macht, muss er vom Tierarzt behandelt werden.

> **TIPP**
>
> Lassen Sie sich vom Tierarzt Jodglyzerin (1 Teil Jod, 4 Teile Glyzerin) verschreiben. Flößen Sie dem Tier einen Tropfen dieses Mittels jeden 3. Tag mit einer Pipette direkt in den Schnabel.

Parasiten

Sittiche und kleine Papageien werden bei unsachgemäßer Behandlung häufig von Parasiten befallen. Verdorbenes Futter und mangelnde Sauberkeit sind die häufigsten Probleme. Aber auch wenn Sie alles beachten, oder auch, wenn die Vögel im Garten gehalten werden, kann Parasitenbefall auftreten.

Federlinge

Federlinge stechen und saugen nicht, sondern ernähren sich von Federteilen. Sie sitzen im Gefieder der Vögel und verursachen bei schwerem Befall erheblichen Juckreiz. Außerdem sieht das Gefieder der Tiere bald zerfranst und stumpf aus. Es kann sogar zu kahlen Stellen kommen, vor allem im Nacken, Gesicht und am Kinn.

Federlinge sind mit dem bloßen Auge erkennbar und einfach zu bekämpfen (siehe Rote Vogelmilbe). Ihre Eipakete, die ebenfalls gut sichtbar sind, legen diese Parasiten an den Federschäften ab.

> **TIPP** Zur Bekämpfung der Grabmilben müssen befallene Stellen einmal wöchentlich mit Vaseline oder Ballistolöl (aus dem Haushalts- oder Zoogeschäft) eingerieben werden. Dadurch werden Bohrgänge der Milben verstopft und die Plagegeister ersticken.

Grabmilben

Diese Parasiten ernähren sich von Keratin, das sind Eiweiße im Horn und der Oberschicht der Haut. Deshalb werden bei den Vögeln vor allem die Schnabelwachshaut, der Schnabel, die Augen- und Kloakenumgebung sowie die Füße befallen. Durch die Ausscheidungen der Grab- oder Räudemilben bilden sich schorfartige Krusten. Wegen dieser porösen, grau-gelblichen Ablagerungen wird die Krankheit auch Schnabelschwamm genannt.

Rote Vogelmilbe

> **ACHTUNG**
>
> Verdacht auf Rote Vogelmilben besteht bei nächtlicher Unruhe (Kratzen, Gefiederschütteln, Herumstochern im Gefieder).

Wie für alle Vögel sind die Roten Vogelmilben auch für Sittiche und Papageien der häufigste und gefährlichste Hautparasit. Vor allem nachts sind die Milben aktiv und saugen den Vögeln das Blut ab.

Die Milben selbst sind am Tage als winzige dunkle Punkte in Ritzen und Winkeln von Käfig oder Voliere zu erkennen. Haben sie sich mit Vogelblut voll gesogen, sehen sie rotbraun und prall aus, sonst pergamentfarben und vertrocknet.

Die Bekämpfung der Roten Vogelmilbe

Die Roten Vogelmilben sind u. a. mit Sprays zu bekämpfen. Sie können damit Käfig, Zubehör und die Tiere selbst besprühen. Futter und Wasser sollten Sie jedoch währenddessen herausnehmen.

Gegen die Roten Vogelmilben hilft auch ein Blattanex-Fliegenstrip. Nach 2-3 Tagen kann man den Strip abhängen und luftdicht verpacken. Um frisch geschlüpfte Milben ebenfalls abzutöten, sollte man den Strip nach 2 Wochen noch einmal aufhängen.

> **WICHTIG**
> Die regelmäßige Säuberung des Bodens und das jährliche spatentiefe Umgraben sind wichtige Vorbeugemaßnahmen gegen Spulwürmer und Kokzidien.

Spulwürmer

Sittiche und Papageien werden häufig von Spulwürmern befallen, besonders in Gartenvolieren. Die Eier gelangen durch Kot von Wildvögeln, die sich auf die Voliere setzen, in den Boden. Dort gedeihen sie im Sommer aufgrund der Wärme besonders gut, sie können aber auch Minusgrade überleben. Spulwürmer parasitieren im Dünndarm. Den Befall erkennen Sie am struppigen Gefieder, Durchfall und Abmagerung. Die Vögel können an Entkräftung und Darmverschluss sterben.

> **TIPP** Spulwürmer können leicht mit gut verträglichen Medikamenten bekämpft werden. Meist verordnet der Tierarzt Piperazin- und Tetramisolpräarate. Vögel in Außenvolieren brauchen zweimal im Jahr eine Wurmkur.

Wenn sich in den Spalten des Nistkastens die Rote Vogelmilbe festgesetzt hat, dann besteht die große Gefahr, dass der Vogelnachwuchs auch befallen wird.

Die beliebtesten Sittiche und kleinen Papageien

Papageienvögel üben aufgrund ihrer Farbenpracht, Spielfreude und Intelligenz eine große Faszination auf den Menschen aus. Da sie uns Menschen als Bezugsperson akzeptieren, sind sie zu sehr beliebten Heimtieren geworden. Durch ihre Artenvielfalt sind sie für viele Vogelliebhaber ein ideales Heimtier.

Das Rosenköpfchen lässt sich sehr gut in einer Gartenvoliere halten, sollte aber nur mit Artgenossen vergesellschaftet werden.

Die einzelnen Arten stellen verschiedene Ansprüche und zeigen auch Verhaltensunterschiede, über die Sie Bescheid wissen sollten. Die Vögel kommen aus unterschiedlichen Lebensräumen, sowohl trockenen, heißen Gebieten, als auch feuchten, waldreichen Gegenden. Die Papageien und Sittiche haben sich den jeweiligen Gegebenheiten angepasst. Der Vogelhalter muss den Vögeln also die entsprechenden Lebensbedingungen schaffen. Auf den folgenden Seiten werden deshalb einige der beliebtesten Arten vorgestellt.

Aus den Tropen

Papageienvögel gehören zu den intelligentesten und am höchsten entwickelten Vögeln der Welt. Man unterscheidet Papageien von Sittichen im Übrigen anhand der Länge des Schwanzes. Arten mit kurzen Schwänzen nennt man Papageien, solche mit langen Schwänzen Sittiche. Sie sind vor allem in den subtropischen und tropischen Gebieten Asiens, Australiens, Ozeaniens, Amerikas und Afrikas beheimatet. Beachten Sie vor dem Kauf, dass manche Sittiche und kleinen Papageien unter Artenschutz stehen. Welche das gerade sind (Änderungen kommen häufig vor), erfahren Sie von der Naturschutzbehörde Ihrer Stadt.

Unzertrennliche

Zu den Unzertrennlichen gehören verschiedene Arten. Der Name zeigt, dass es sich um Vögel handelt, die nicht gern allein sind. Sie leben häufig in lebenslanger Paarbindung. Sie sollten möglichst zu zweit gehalten werden.

Taranta-Unzertrennliche sind nicht kälteempfindlich und vertragen sich gut mit anderen Vögeln.

Taranta-Unzertrennlicher

(Agapornis taranta)
Man nennt diese Art auch Bergpapagei oder Tarantiner. Die Vögel werden ca. 16 cm groß und stammen aus Äthiopien. Vögel, die hier nachgezüchtet werden, sind recht widerstandsfähig und können in einer Gartenvoliere mit angeschlossenem Schutzhaus überwintern. Die Laute dieser Unzertrennlichen sind ein leises Zwitschern. Die Geschlechter sind gut zu unterscheiden, denn dem Weibchen fehlt alles Rot im Kopfgefieder. Nur der Schnabel ist wie beim Männchen rot. Ein einzelner Tarantiner kann sich dem Menschen eng anschließen und sehr zahm werden, wenn er ganz jung in Pflege genommen wird.

Rosenköpfchen

(Agapornis roseicollis)
Die Heimat dieses 16 cm langen Vogels ist Südwestafrika. Das Rosenköpfchen eignet sich für die Gartenvoliere mit Schutzhaus. Dort lässt es sich gut mit Artgenossen, jedoch nicht mit anderen Vogelarten zusammen halten. Auch im Winter braucht es nur einen ungeheizten frostsicheren Schutzraum, da ihm Kälte wenig ausmacht. Die Jungvögel werden schnell zahm und fühlen sich unter Menschen sehr wohl, dürfen aber nie lange allein gelassen werden.

Rosenköpfchen sind anderen Vogelarten gegenüber oft unverträglich.

Pfirsichköpfchen

(Agapornis fischeri)
Die Art ist auch unter dem Namen »Fischers Unzertrennlicher« bekannt. Der aus Tansania stammende Vogel mit einer Länge von 15 cm ist einer der bekanntesten Kleinpapageien. Es gibt in seiner Heimat

noch 3 weitere Arten, die nackte weiße Augenringe tragen. Hier gezüchtete Vögel der 4 Arten sind recht widerstandsfähig, können aber im Winter nicht in die Gartenvoliere gelassen werden. Das Pfirsichköpfchen hat eine laute, schrille Stimme.

Schwarzköpfchen

(Agapornis personatus)
Als größte der 4 Arten mit weißen Augenringen erreicht das Schwarzköpfchen eine Länge von 15–16 cm. Es ist auch die robusteste der 4 Arten und hat die kräftigste Stimme. Das Schwarzköpfchen eignet sich für das Zimmer oder die Gartenvoliere. Dort kann es im kleinen Schwarm gehalten und gezüchtet werden. Ein Schwarzköpfchen wird nur als ganz junger Vogel sehr zahm. Die Geschlechter sind schwer zu unterscheiden. Die Männchen sind meist kleiner und haben einen eckigeren und größeren Kopf.

Nur ein erfahrener Züchter kann halbwegs sicher Schwarzköpfchen-Männchen und -Weibchen unterscheiden.

Rußköpfchen

(Agapornis nigrigenis)
Das Rußköpfchen erreicht eine Länge von ca. 14 cm und stammt aus dem afrikanischen Sambia. Es steht im Aussehen zwischen Pfirsichköpfchen und Schwarzköpfchen und kann als Mischform dieser beiden Arten angesehen werden. In Haltung und Zucht ähnelt es seinen Verwandten, ebenso in der Ernährung. Durch hervorragende Zuchtergebnisse ist das Rußköpfchen heute ein bei Händlern wie Vogelhaltern recht häufiger und beliebter Vogel. Seine Stimme ist weniger laut und schrill als die vom Pfirsich- und Schwarzköpfchen.

Erdbeerköpfchen-Zuchttiere sind recht widerstandsfähige Vögel.

Erdbeerköpfchen

(Agapornis lilianae)
Von den 4 Unzertrennlichen mit weißen Augenringen ist das Erdbeerköpfchen mit einer Länge von ca. 13 cm die kleinste Art. Es stammt aus Ostafrika. Dort lebt es bevorzugt an Seen und Flüssen und sucht sich als Nahrung Grassamen, Hirse, Früchte, Blattknospen und Blüten. Beim Erdbeerköpfchen ist die Gesichtsmaske und Kopffarbe tatsächlich erdbeerrot. Die Jungvögel sind allerdings noch matter gefärbt.

Sperlingspapageien

Bei den Sperlingspapageien sind die Männchen intensiver gefärbt. Die Vögel können den Sommer in einer Gartenvoliere verbringen, müssen aber im Winter ins Haus geholt werden. Zu den Sperlingspapageien gehören verschiedene Arten, die teilweise durch ihr ansprechendes Wesen besonders für die Haltung in der Wohnung geeignet sind.

Blaunacken-Sperlingspapagei

Der Blaunacken-Sperlingspapagei besitzt eine angenehm leise Stimme.

(Forpus coelestis)
Die Heimat des nur 12 cm langen Vogels, der auch Blaugenick-Sperlingspapagei oder Himmelspapagei genannt wird, ist Peru und Ecuador. Das Männchen ist an seinen blauen Zeichnungen über den Augen und im Genick vom grünen Weibchen und den ebenfalls grünen, aber matter gefärbten Jungvögeln leicht zu unterscheiden.
　Der Blaunacken-Sperlingspapagei hat eine nur leise, trillernde Stimme und kann sehr zutraulich werden.

Augenring-Sperlingspapagei

Die blauen Augenringe geben dem Augenring-Sperlingspapagei den Namen.

(Forpus conspicillatus)
Nur 12 cm misst dieser Papagei aus dem Osten Panamas und Kolumbiens. Dort lebt er gesellig in baum- und strauchreichem Gelände, am liebsten in Flussnähe.
　Wird ein junger Augenring-Sperlingspapagei einzeln gehalten, kann er sehr zutraulich und anhänglich werden.

Katharinasittich

Den Katharinasittich gibt es im Fachhandel in verschiedenen Farbspielarten.

(Bolborhynchus lineola)
Zur Unterfamilie der Sperlingspapageien zählt auch der Katharinasittich, der schlicht grün, mit einigen schwarzen und braunen Abzeichen gefärbt ist. Er hat eine Länge von 17 cm und kommt in 3 Rassen von Mexiko bis Panama, im westlichen Venezuela und in Peru vor.
　Da er schön zwitschert, auch etwas Sprechen lernen kann und als Jungvogel schnell zutraulich wird, ist er der ideale Vogel.

Keilschwanzsittiche

Viele Keilschwanzsittiche sind etwas kälteempfindlich und sollten daher nur im Sommer in einer Gartenvoliere gehalten werden. Neben den hier beschriebenen gibt es auch noch den Nandaysittich und den Goldstirnsittich. Einige Keilschwanzsittucharten haben eine sehr laute, schrille Stimme, ein Umstand, den man bei der Anschaffung unbedingt berücksichtigen sollte.

Sonnensittich

(Aratinga solstitialis)
Aus dem Nordosten Brasiliens und aus Guyana kommt der 30 cm lange Sonnensittich. In seiner Heimat lebt er in Schwärmen in Palmhainen und in nicht so dichten Wald- und Grasgebieten. Ihre Nahrung finden die Vögel in den Baumwipfeln, aber auch auf dem Boden.

Ein Schwarm Sonnensittiche ist schon von weitem durch die lauten Stimmen der Vögel auszumachen.

Wird ein ganz junger Sonnensittich von seinen Artgenossen getrennt, kann er sich seinem Pfleger eng anschließen und seine schrillen Laute weitgehend vergessen, in Ausnahmefällen sogar einige Wörter sprechen lernen.

Der Jendajasittich (Aratinga solstitialis jandaya), der Goldkappensittich (Aratinga solstitialis aurifonis, vgl. Abb. S. 31) und der Goldscheitelsittich (Aratinga solstitialis auricapilla) sind Unterarten des Sonnensittichs und benötigen die gleiche Pflege.

Der Sonnensittich lernt nur in Ausnahmefällen ein bisschen sprechen.

Elfenbeinsittich

(Eupsittula canicularis oder Aratinga canicularis)
Dieser hübsche, 24 cm lange Sittich ist vom Südwesten Mexikos bis Costa Rica anzutreffen. Er lebt in lichtem Wald und an Waldrändern.

Im Winter darf dieser Sittich nicht im Freien gehalten werden, doch genügt ein frostfreier Schutzraum.

Als Paar und als junger Einzelvogel wird der Elfenbeinsittich meistens sehr zutraulich. Er hat keine laute Stimme und kann sogar etwas sprechen lernen.

Der Elfenbeisittich gehört zu den Vögeln, die eine eher leise Stimme haben.

Graupapageien und Kakadus

Die hier angegebenen Graupapageien und Kakadus gehören zu den beliebtesten Heimvögeln, besonders auch, weil viele von ihnen eine besondere Sprachbegabung haben oder zumindest einige Wörter nachahmen können. Sie brauchen aufgrund ihrer Größe einen Käfig, der diesen Anforderungen gerecht wird. Besser ist es, sie in einer Zimmer- oder Gartenvoliere zu halten.

Graupapagei

(Psittacus erithacus)
Der Graupapagei gehört mit 33–37 cm Länge eigentlich nicht mehr zu den kleinen Papageien, wird aber wegen seiner Beliebtheit hier erwähnt. Die Heimat des Jako – wie er auch genannt wird – ist West- und Zentralafrika. In den Galeriewäldern der Flussufer und vor allem in den Mangroven der Flussmündungen und Küsten findet man den Graupapagei besonders häufig. Außerhalb der Brutzeit ist der Graupapagei in Gruppen unterwegs und schläft in Schwärmen auf hohen Bäumen.

Er hat den Ruf, der beste Sprecher aller Papageien, ja aller Vögel zu sein. Er schnappt nicht nur alle möglichen Wörter und Sätze auf, sondern gibt sie auch im richtigen Tonfall wieder. Wer einen so zahmen und sprechenden Graupapagei besitzen möchte, muss viel Zeit und Geduld haben. Auch sollte er ihn ganz jung erwerben und zumindest am Anfang alleine halten. Einen Jungvogel erkennt man an seiner erst schwarzen, später hellgrauen Iris, im Alter ist sie gelb. Ein Graupapageien-Paar fühlt sich in Garten- oder Zimmervolieren wohl.

Der einzeln gehaltene Graupapagei braucht viel Ansprache, sonst kann er krank werden.

Ein junger Mohrenkopfpapagei wird dem Menschen gegenüber schnell anhänglich.

Mohrenkopfpapagei

(Poicephalus senegalus)
Mit einer Länge von nur 24 cm ist der Mohrenkopfpapagei ein zierlicher Vogel. Er stammt aus Westafrika, vom Senegal bis Nigeria und Nordkamerun. Savannen und lichter Busch sind sein Lebensraum. Dieser Vogel wird häufig gehalten. Er wird gern gekrault und auf der Schulter herum getragen. Erwachsene Wildfänge bleiben lange scheu.

Nymphensittich

(Nymphicus hollandicus)
Der 33 cm lange Nymphensittich ist in Australien zu Hause. Er ist ein karges Leben in den Savannen gewöhnt und deshalb genügsam. Er steht zwischen Sittichen und Kakadus. Mit seiner schlanken Figur und dem langen Schwanz ähnelt er den Sittichen. Seine Federtolle auf dem Kopf, seine Ohrflecke und das regelmäßige Abwechseln der Partner beim Brüten zeigen seine Verwandtschaft mit den Kakadus, mit denen er näher verwandt zu sein scheint, als mit den Sittichen.

Der Nymphensittich ist nach dem Wellensittich wohl der meistgehaltene Papageienvogel und eignet sich besonders gut als Stubenvogel. Er ist friedlich und wird leicht zahm, vor allem wenn er als Jungvogel erworben wird. Auch lernt er leicht eine ganze Reihe von Wörtern nachzusprechen und Melodien nachzupfeifen.

Als äußerst anspruchsloser und harter Vogel kann der Nymphensittich sogar im Winter in einer Gartenvoliere gehalten werden, sofern ein Schutzraum vorhanden ist.

Nymphensittiche sind leicht zu zähmen und besitzen eine gute Sprachbegabung.

Plattschweifsittiche

Ein einzeln gehaltener Singsittich braucht Ansprache.

Bei den Plattschweifsittichen sind die verschiedenen Geschlechter aufgrund der intensiveren Färbung der Männchen gut voneinander zu unterscheiden. Die Farben der Weibchen sind blasser. Die Vögel sollten paarweise gehalten werden, um Revierkämpfe zu verhindern. Einige Arten gehören zu den beliebtesten Heimvögeln und werden sehr häufig von Vogelliebhabern gehalten.

Singsittich

Der Vielfarbensittich braucht Erde und Gras zum Scharren.

(Psephotus haematonotus)
Mit nur 27 cm Länge gehört der Singsittich aus dem Südosten Australiens zu den kleinsten Plattschweifsittichen. Das Männchen ist am roten Bürzel gut zu erkennen und hat auch weit mehr Farbe in seinem Gefieder. Der Singsittich gehört zu den beliebtesten Arten und wird bei uns viel gezüchtet. Mit ihrem schönen Gesang machen sie ihrem Namen alle Ehre. Richtig zahm und anhänglich wird er nur als ganz junger, einzeln gehaltener Vogel.

Vielfarbensittich

(Psephotus varius)
Der Vielfarbensittich ist 28 cm lang und stammt aus dem südlichen Teil Inneraustraliens. Dort bewohnt er die trockene, heiße und wenig bewaldete Buschsteppe. Als friedlicher Vogel kann er gut mit anderen Vögeln gehalten werden. Da seine Rufe angenehm flötend sind, fühlen sich Nachbarn durch ihn nicht belästigt.

Rosella

Der Rosellasittich ist als Volieren- und als Käfigvogel sehr beliebt.

(Platycercus eximius)
Im Südosten Australiens und auf Tasmanien ist der 34 cm lange Rosella zu Hause. Er ist Kulturfolger und daher überall auf den Feldern und Weiden anzutreffen. Selbst in die Parks der großen Städte kommt er. Jung erworben wird er sehr anhänglich, lernt manchmal einige Wörter sprechen und Melodien nachzupfeifen.

Stanleysittich

(Platycercus icterotis)
Aus dem Südwesten Australiens stammt der nur 25 cm lange Stanleysittich. Der ursprünglich nur in den Savannen lebende Vogel hat sich weitgehend zum Kulturfolger entwickelt, d.h., er hat sich an den vom Menschen veränderten Lebensraum angepasst. Auf den Feldern ist er ebenso zu finden wie in Gärten und Scheunen, wo er sich über Obst und Getreide hermacht.

Der Stanleysittich kann sehr gut in einer Gartenvoliere mit angeschlossenem Schutzhaus gehalten und gezüchtet werden. Eine Voliere von 3 m Länge reicht dabei aus. Hält man das Tier einzeln in der Wohnung, dann wird es sehr zutraulich. Vor allem wegen seiner geringen Größe, der melodisch flötenden Stimme und seiner hübschen Farben ist er sehr beliebt. Besonders auffällig sind die gelben Wangenflecke des Männchens, die dem Weibchen fehlen. Es ist insgesamt matter gefärbt und sein blasseres Rot von Kopf und Unterseite ist mit Grün vermischt.

Wegen seiner Zutraulichkeit und Friedfertigkeit ein beliebtes Haustier: der Stanleysittich.

Wellensittich

(Melopsittacus undulatus)
Seine Länge von 18–22 cm erreicht der Wellensittich nur durch seinen langen Schwanz. In seiner Heimat, den weiten Steppen Australiens, tritt er oft in riesigen Schwärmen auf. Als Nahrung dienen ihm dort vor allem verschiedene Gräsersamen. Auf Wasserstellen ist er nicht so sehr angewiesen wie viele andere australische Sittiche. Ihm genügen die morgendlichen Tautropfen.

Der Wellensittich ist zum bekanntesten und beliebtesten Stubenvogel geworden, nachdem er 1840 zum ersten Mal nach Europa gebracht wurde. Heute kennen wir weit über 100 verschiedene Farben und Farbkombinationen. Wer einen zahmen und sprechenden Wellensittich wünscht, sollte sich einen ganz jungen Vogel kaufen und diesen als Einzelvogel halten. Der gesellige Wellensittich benötigt dann allerdings viel Zuwendung von seiner Bezugsperson, damit er nicht verkümmert. Artgerechter ist die Paarhaltung, auch wenn die Vögel dann meistens nicht so zahm werden und kaum sprechen lernen.

Den überaus geselligen Wellensittich gibt es in vielen Farbvarianten.

Vom Halsbandsittich kann man mehrere Paare gemeinsam halten.

Der Pflaumenkopfsittich braucht viele Klettermöglichkeiten.

Verträgt sich mit anderen Vögeln: der Ziegensittich.

Edel- und Laufsittiche

Der Gattung der Edelsittiche ist ihr außerordentlich langer Schwanz gemeinsam, der stets die eigentliche Körperlänge übertrifft. Männchen und Weibchen sind leicht zu unterscheiden, weil die Männchen meist ein farbenprächtigeres Federkleid besitzen. Werden die Vögel in einer Gartenvoliere gehalten, brauchen sie im Winter einen Schutzraum.

Halsbandsittich

(Psitacula krameri)
Er erreicht eine Länge von 42 cm, wobei der Schwanz etwa 24 cm ausmacht. Dieser grüne Sittich mit dem roten Oberschnabel wird auch Kleiner Alexandersittich genannt. Er kommt in weiten Teilen Asiens und in Afrika vor. Neben der Wildform wurden auch gelbe, weiße und blaue Mutationen gezüchtet. Dem Weibchen fehlt das Halsband. Einzeln gehaltene Vögel versuchen, Pfiffe und Wörter nachzuahmen.

Pflaumenkopfsittich

(Psittacula cyanocephala)
Der Pflaumenkopfsittich wird 36 cm lang, wovon allein 22 cm auf den Schwanz entfallen. Er stammt ursprünglich aus Indien und Sri Lanka. Dieser nahe Verwandte des Alexandersittichs ist nicht nur aufgrund seiner Farbenpracht sehr beliebt, sondern auch wegen seiner ausgezeichneten Eigenschaften: Er ist anderen Vögeln gegenüber friedlich und hat eine angenehme, nicht zu laute Stimme. Außerdem wird er schnell zahm und lernt sogar einige Wörter nachzusprechen.

Ziegensittich

(Cyanoramphus novaezelandiae)
Der aus Neuseeland stammende, 25 cm lange Ziegensittich zählt zu den so genannten Laufsittichen. Seinen Namen verdankt dieser friedliche Vogel seiner meckernden Stimme. Der Ziegensittich wird meist schnell zahm und lernt sogar einige Wörter.

Pracht- und Grassittiche

Grassittiche sind sehr verträgliche Vögel, deshalb kann man sie problemlos zusammen mit anderen friedfertigen Sittichen halten. Alle Vertreter dieser Gattung haben eine angenehm leise, melodische Stimme. Im großen Käfig, in einer Zimmer- oder Gartenvoliere mit angeschlossenem Schutzraum fühlen sie sich wohl. An feuchtkalten Tagen sollten sie allerdings nicht nach draußen gelassen werden.

Schönsittich

(Neophema pulchella)
Im Osten Australiens lebt der 22 cm lange Schönsittich, der vor rund 50 Jahren vom Aussterben bedroht war. Zum Glück hat sich der Schönsittich wieder langsam vermehren können. Ein Jungvogel kann sehr anhänglich werden. Wie die anderen Grassittiche ist er ein dämmerungsaktiver Vogel, der in den Spätnachmittags- und Abendstunden am muntersten ist. Er ist ein idealer Vogel für Berufstätige.

Glanzsittich

(Neophema splendida)
Der kleinste Grassittich mit einer Länge von 19 cm ist wohl auch der schönste. Er lebt im südlichen Inneraustralien. Zum Glück hat sich der eine Zeit lang vom Aussterben bedrohte Vogel mittlerweile wieder etwas im Bestand erholt. Bei Liebhabern und Züchtern ist der herrlich gefärbte Glanzsittich der Favorit unter den Grassittichen.

Schildsittich

(Polytelis swainsonii)
Der Schildsittich, auch Barrabandsittich genannt, gehört zu den Prachtsittichen. Er ist ein zierlicher Vogel mit sehr langem Schwanz und einer Länge von 40 cm. Seine Heimat liegt im Südosten Australiens. Er zeichnet sich durch Schönheit und Lebhaftigkeit und eine relativ leise Stimme aus. Er kann draußen überwintern, wenn ein Schutzhaus vorhanden ist. Als Stubenvogel ist er nicht geeignet.

Der Schönsittich besitzt nur wenig Sprachbegabung.

Bei Glanzsittichen ist zu beachten, dass sie Zugluft schlecht vertragen.

Als Volierenvogel sehr gut geeignet: der Schildsittich.

Die 5 wichtigsten Regeln im Umgang mit deinem Vogel

Rede immer mit deinem Vogel, wenn du dich ihm näherst. Vor Lebewesen, die sich leise nähern, hat der Vogel Angst. Pfeifen oder singen ist auch o.k.

Achte immer darauf, dass alle Fenster geschlossen sind, wenn du den Vogel frei fliegen lässt. Es ist sehr schwer, ihn wieder einzufangen, wenn er erst einmal entflogen ist.

Ein einzelner Vogel braucht sehr, sehr viel Gesellschaft. Wenn in deiner Familie niemand so viel Zeit hat, sind zwei Vögel besser.

Sorge dafür, dass dein Vogel immer genügend Futter und frisches Wasser hat. Vögel können schnell verhungern oder verdursten.

Wenn du deinen Vogel anfassen willst, gehe sehr behutsam vor, besser ist, wenn er alleine auf deine Hand, deine Schulter oder deinen Kopf kommt.

Besonders gefährliche Situationen

Außerhalb des Käfigs ist es für den Vogel einerseits viel spannender, andererseits aber auch gefährlicher.

Darauf musst du achten:

Der Vogel könnte auf dem Fußboden herumpicken. Du kannst versehentlich auf ihn treten und ihn verletzen. Behalte ihn deshalb beim Gehen immer im Blick.

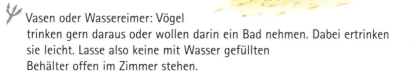

Vasen oder Wassereimer: Vögel trinken gern daraus oder wollen darin ein Bad nehmen. Dabei ertrinken sie leicht. Lasse also keine mit Wasser gefüllten Behälter offen im Zimmer stehen.

Vögel setzen sich gern so, dass sie von oben alles überblicken können; auch auf offenen Türen geht das prima. Gefährlich wird es aber, wenn die Tür dann plötzlich geschlossen wird.

Der Vogel kann nicht erkennen, ob eine Herdplatte ein- oder ausgeschaltet ist. Wenn er darauf landet, kann es zu tödlichen Verbrennungen kommen. Also: unbedingt heiße Platten immer mit einem gefüllten Wasserkessel verstellen.

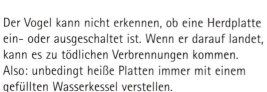

Wo die wilden Kerle leben

Heimat: subtropische und tropische Wälder in Australien, Asien, Afrika und Mittelamerika

Wie sie dort leben: in riesigen Schwärmen, manchmal lebenslang zu zweit oder in kleinen Gruppen

Sie fliegen lange Strecken mit hoher Geschwindigkeit auf der Suche nach Futter und Wasser. Andere Arten sind standorttreu, bleiben also immer in ihrer gewohnten Umgebung.

Die Wildformen haben ein ihrer Umgebung angepasstes Gefieder. Viele im Wald lebende Vögel sind grün.

Nach der Regenzeit beginnen die Vögel sofort mit dem Brüten.

Das will der Wellensittich dir sagen

Wenn der Wellensittich still auf seiner Schaukel sitzt und sich aufplustert, ist ihm kalt oder er ist krank. Sage deinen Eltern, dass etwas nicht stimmt.

Wenn er die sein Köpfchen entgegen hält, möchte der Wellensittich gekrault werden. Kraule ihn und unterhalte dich mit ihm.

Wenn der Wellensittich traurig auf seiner Schaukel sitzt und eintönig piept, fühlt er sich einsam. Beschäftige dich mit ihm.

Der Wellensittich schimpft lautstark. Er möchte seine Ruhe haben. Lass ihn ausruhen und beschäftige dich später wieder mit ihm.

Wenn der Wellensittich herumtanzt und aufgeregt zwitschert, dann balzt er. Das bedeutet, er sucht einen Partner. Spiel mit ihm.

Der Wellensittich flattert panisch herum. Er hat Angst. Wenn du es kannst, beseitige die Ursache, sonst rede leise mit ihm.

Serviceseiten

Wichtige Adressen
Deutschland
Vereinigung für Artenschutz,
Vogelhaltung und Vogelzucht
(AZ) e. V.
Postfach 11 68
71501 Backnang
Tel. 07191/82439
Fax 07191/85957

Deutscher Kanarienzüchter-
Bund e. V. (DKB)
Salenbergst. 49
72250 Freudenstadt
Tel. 07441/7814
Fax 07441/51178

Vereinigung »Ziergeflügel-
und Exotenzüchter e.V.«
Spreeaue 14
03130 Spremberg/L.
Tel. und Fax 03563/4602

Deutsche Standard-Wellensit-
tich-Züchter-Vereinigung e.V.
(DSV)
Amselweg 1
97332 Volkach
Tel. 09381/1431
(ab 14.00 Uhr)

Deutscher Tierschutzbund
Baumschulallee 15
53115 Bonn
Tel. 0228/604960

Schweiz
EXOTIS, Schweizerischer Ver-
band für Zucht und Pflege
exotischer Vögel
Dorfstrasse
CH-3364 Seeberg
Tel. 062968/1232

Österreich
Vogelzüchter-Vereinigung
Österreich
Rachbauerstr. 41,
A-5071 Wals
Tel. und Fax 0662/852662

Spezialtipp für Tierfreunde:
Lebendig und naturgetreu
wirken Tiere auf Kohlezeich-
nungen von Martine Tunnat,
die sie auf Wunsch auch
nach Fotos fertigt. Drei Tage
arbeitet sie an so einem Tier-
porträt.
Interessenten melden sich bei
Martine Tunnat
Weiherstr. 2
71546 Aspach
Tel. 07191/20975.
(Für diesen Hinweis danken
wir der Redaktion »Ein Herz
für Tiere« sehr herzlich.)

*Ratgeber-Telefon (Herz für
Tiere Service) für Tierhalter*
0190/873247-11
(Täglich von 8 bis 22 Uhr be-
antworten Tierärzte Ihre
Fragen)

Fachzeitschriften
Deutschland
Die Voliere
Verlag M. & H. Schaper GmbH
& Co. KG
Postfach 1642
31046 Alfeld (Leine)
erscheint monatlich

Gefiederte Welt
Verlag Eugen Ulmer GmbH
& Co.
Wollgrasweg 41
70599 Stuttgart
erscheint monatlich

Geflügel-Börse
Verlag Jürgens KG
Industriestrasse 13
Postfach 1529
82102 Germering
erscheint vierzehntägig

Der Vogelfreund
Hanke-Verlag GmbH
Amrichshäuser Str. 28/1
74653 Künzelsau
erscheint monatlich

Sie finden uns im Internet unter.
www.falken.de

Dieses Buch wurde auf chlorfrei gebleichtem und säurefreiem Papier gedruckt.

Der Text dieses Buches entspricht den Regeln der neuen deutschen Rechtschreibung.

ISBN 3 8068 2360 X

© 1999 by FALKEN Verlag, 65527 Niedernhausen/Ts.
Die Verwertung der Texte und Bilder, auch auszugsweise, ist ohne Zustimmung des Verlags urheberrechtswidrig und strafbar. Dies gilt auch für Vervielfältigungen, Übersetzungen, Mikroverfilmung und für die Verarbeitung mit elektronischen Systemen.
Titelbild: H. Bielfeld, Jameln
Umschlagrückseite: IFA-Bilderteam/ R. Maier, München
Fotos: H. Bielfeld, Jameln; IFA-Bilderteam/Digul; R. Maier, München; Reinhard-Tierfoto, Heiligkreuzsteinach-Eiterbach; U. Schanz, München
Zeichnungen: U. Selders, Köln; E. Wagendristel, Berlin (Kinder Spezial)
Die Ratschläge in diesem Buch sind von dem Autor und vom Verlag sorgfältig erwogen und geprüft, dennoch kann eine Garantie nicht übernommen werden. Eine Haftung des Autors bzw. des Verlags und seiner Beauftragten für Personen-, Sach- und Vermögensschäden ist ausgeschlossen.
Druck: Ludwig Auer GmbH, Donauwörth

817 2635 4453 6271

Register

Arten 46–57
Augenring-
 Sperlingspapagei 50

Baden 29
Bindehautentzündung 38
Blaunacken-
 Sperlingspapagei 50

Edelsittiche 56
Einfangen 13, 16, 64
Eingewöhnung 10–19
Elfenbeinsittich 51
Erdbeerköpfchen 49
Ernährung 30–35
Erste Hilfe 65

Federlinge 44
Fettgeschwulst 40
Freiflug 13, 26–27
Futter 14, 30–35
Fütterungszeiten 15

Gartenvoliere 25
Gefieder, kahle Stellen 39
Gesundheit 36–45
Glanzsittich 57
Glöckchen 28
Grabmilben 44
Grassittiche 57
Graupapageien 18, 52–53
Grünfutter 33

Halsbandsittich 56

Käfig 13, 20–23
Kakadus 52–53

Katharinasittich 50
Keilschwanzsittiche 51
Keimfutter 33
Klettern 28
Knabbern 27
Knochenbrüche 40
Kokzidiose 41
Körnerfutter 32
Krallenpflege 39

Laufsittiche 56
Leckerbissen 17
Legenot 41

Mangelerscheinungen 35
Mineralstoffe 35
Mohrenkopfpapagei 52

Nymphensittich 53

Obst 33

Papageienkrankheit 42
Parasiten 44–45
Pfeifunterricht 18
Pfirsichköpfchen 48–49
Pflanzen, giftige 26
Pflaumenkopfsittich 56
Pflege 16–17
Pilzbefall 43
Plattschweifsittiche 54–55
Prachtsittiche 57
Psittacose 42

Reinigung 14
Rennerkrankheit 43
Rosella 54
Rosenköpfchen 48
Rote Vogelmilbe 44–45

Ruhe 12, 18
Rußköpfchen 49

Samen 32
Schaukeln 28
Schilddrüsenvergrößerung 43
Schildsittich 57
Schnabelpflege 39
Schönsittich 57
Schwarzköpfchen 49
Sicherheit 27
Singsittich 54
Sitzstangen 22–23
Sonnensittich 51
Sperlingspapageien 50
Spielen 28
Sprechen 12, 18–19
Spulwürmer 45
Standort 22
Stanleysittich 55
Stockmauser 38

Taranta-
 Unzertrennlicher 48
Tee, schwarzer 34
Transport 10
Türen 22–23

Unzertrennliche 48–49
Urlaub 15

Vielfarbensittich 54

Wasser 14, 34
Wellensittich 55
Wunden 39

Ziegensittich 56
Zimmervoliere 24
Zubehör 14
Zuwendung 16–17

Der Vogel ist entflogen – was tun?

Der Vogel ist entflogen –

was tun, um ihn
wieder zu bekommen?

Nach einem entflogenen Vogel möglichst sofort intensiv suchen, denn selten findet ein Vogel allein den Weg zurück nach Hause.

Hat der entflogene Vogel einen Partner, diesen in seinem oder einem kleinen Käfig an das offene Fenster, an die Terrassen- oder Gartenvolierentür stellen, damit die Vögel möglichst Rufkontakt miteinander aufnehmen können.

Lieblingsfutter gut sichtbar so hinlegen, dass der entflogene und hungrige Vogel hereinkommen muss. Mit einem Bindfaden aus einiger Entfernung die Tür (das Fenster) hinter ihm zuziehen.

Sitzt er in der Nähe, kann ihn das Rufen und Hinhalten seines Käfigs zum Kommen veranlassen, denn er ist meistens verängstigt und froh, wenn er seinen Käfig und seinen Menschen wiedersieht.

Ist der Vogel sehr zahm und befindet er sich in der Nähe, kann es genügen, ihn mit Worten zu rufen und zu locken. Sobald Sie es erreicht haben, dass er herbeifliegt und sich auf Ihrer Hand niederlässt, ist das Problem gelöst.

Ist der Vogel außer Sicht- und Rufweite geflogen, Verlustmeldungen an die örtliche Presse, das Tierheim, den Tierarzt geben und in der Umgebung an Bäumen und Laternen anbringen. Oft fliegt der Vogel (auch nach Wochen noch) anderen Leuten zu, oder er wird ausgehungert aufgelesen.

Sie finden uns im Internet unter.
www.falken.de

Dieses Buch wurde auf chlorfrei
gebleichtem und säurefreiem Papier
gedruckt.

Der Text dieses Buches entspricht den
Regeln der neuen deutschen Rechtschreibung.

ISBN 3 8068 2360 X

© 1999 by FALKEN Verlag,
65527 Niederhausen/Ts.
Die Verwertung der Texte und Bilder,
auch auszugsweise, ist ohne Zu-
stimmung des Verlags urheberrechts-
widrig und strafbar. Dies gilt auch
für Vervielfältigungen, Übersetzungen, Mikroverfilmung und für die
Verarbeitung mit elektronischen
Systemen.
Titelbild: H. Bielfeld, Jameln
Umschlagrückseite: IFA-Bilderteam/
R. Maier, München
Fotos: H. Bielfeld, Jameln; IFA-Bilder-
team/Digul; R. Maier, München;
Reinhard-Tierfoto, Heiligkreuzsteinach-Eiterbach; U. Schanz,
München
Zeichnungen: U. Selders, Köln; E. Wagendristel, Berlin (Kinder Spezial)
Die Ratschläge in diesem Buch sind
von dem Autor und vom Verlag sorgfältig erwogen und geprüft, dennoch
kann eine Garantie nicht übernommen werden. Eine Haftung des Autors
bzw. des Verlags und seiner Beauftragten für Personen-, Sach- und Vermögensschäden ist ausgeschlossen.
Druck: Ludwig Auer GmbH, Donauwörth

817 2635 4453 6271

Register

Arten 46–57
Augenring-
  Sperlingspapagei 50

Baden 29
Bindehautentzündung
38
Blaunacken-
  Sperlingspapagei 50

Edelsittiche 56
Einfangen 13, 16, 64
Eingewöhnung 10–19
Elfenbeinsittich 51
Erdbeerköpfchen 49
Ernährung 30–35
Erste Hilfe 65

Federlinge 44
Fettgeschwulst 40
Freiflug 13, 26–27
Futter 14, 30–35
Fütterungszeiten 15

Gartenvoliere 25
Gefieder, kahle Stellen
39
Gesundheit 36–45
Glanzsittich 57
Glöckchen 28
Grabmilben 44
Grassittiche 57
Graupapageien 18,
52–53
Grünfutter 33

Halsbandsittich 56

Käfig 13, 20–23
Kakadus 52–53

Katharinasittich 50
Keilschwanzsittiche 51
Keimfutter 33
Klettern 28
Knabbern 27
Knochenbrüche 40
Kokzidiose 41
Körnerfutter 32
Krallenpflege 39

Laufsittiche 56
Leckerbissen 17
Legenot 41

Mangelerscheinungen
35
Mineralstoffe 35
Mohrenkopfpapagei 52

Nymphensittich 53

Obst 33

Papageienkrankheit 42
Parasiten 44–45
Pfeifunterricht 18
Pfirsichköpfchen
48–49
Pflanzen, giftige 26
Pflaumenkopfsittich
56
Pflege 16–17
Pilzbefall 43
Plattschweifsittiche
54–55
Prachtsittiche 57
Psittacose 42

Reinigung 14
Rennerkrankheit 43
Rosella 54
Rosenköpfchen 48
Rote Vogelmilbe 44–45

Ruhe 12, 18
Rußköpfchen 49

Samen 32
Schaukeln 28
Schilddrüsenver-
  größerung 43
Schildsittich 57
Schnabelpflege 39
Schönsittich 57
Schwarzköpfchen 49
Sicherheit 27
Singsittich 54
Sitzstangen 22–23
Sonnensittich 51
Sperlingspapageien 50
Spielen 28
Sprechen 12, 18–19
Spulwürmer 45
Standort 22
Stanleysittich 55
Stockmauser 38

Taranta-
  Unzertrennlicher 48
Tee, schwarzer 34
Transport 10
Türen 22–23

Unzertrennliche
48–49
Urlaub 15

Vielfarbensittich 54

Wasser 14, 34
Wellensittich 55
Wunden 39

Ziegensittich 56
Zimmervoliere 24
Zubehör 14
Zuwendung 16–17

Der Vogel ist entflogen – was tun?

Der Vogel ist entflogen –

was tun, um ihn
wieder zu bekommen?

Nach einem entflogenen Vogel möglichst sofort intensiv suchen, denn selten findet ein Vogel allein den Weg zurück nach Hause.

Hat der entflogene Vogel einen Partner, diesen in seinem oder einem kleinen Käfig an das offene Fenster, an die Terrassen- oder Gartenvolierentür stellen, damit die Vögel möglichst Rufkontakt miteinander aufnehmen können.

Lieblingsfutter gut sichtbar so hinlegen, dass der entflogene und hungrige Vogel hereinkommen muss. Mit einem Bindfaden aus einiger Entfernung die Tür (das Fenster) hinter ihm zuziehen.

Sitzt er in der Nähe, kann ihn das Rufen und Hinhalten seines Käfigs zum Kommen veranlassen, denn er ist meistens verängstigt und froh, wenn er seinen Käfig und seinen Menschen wiedersieht.

Ist der Vogel sehr zahm und befindet er sich in der Nähe, kann es genügen, ihn mit Worten zu rufen und zu locken. Sobald Sie es erreicht haben, dass er herbeifliegt und sich auf Ihrer Hand niederlässt, ist das Problem gelöst.

Ist der Vogel außer Sicht- und Rufweite geflogen, Verlustmeldungen an die örtliche Presse, das Tierheim, den Tierarzt geben und in der Umgebung an Bäumen und Laternen anbringen. Oft fliegt der Vogel (auch nach Wochen noch) anderen Leuten zu, oder er wird ausgehungert aufgelesen.

Das will der Wellensittich dir sagen

Wenn der Wellensittich still auf seiner Schaukel sitzt und sich aufplustert, ist ihm kalt oder er ist krank. Sage deinen Eltern, dass etwas nicht stimmt.

Wenn er die sein Köpfchen entgegen hält, möchte der Wellensittich gekrault werden. Kraule ihn und unterhalte dich mit ihm.

Wenn der Wellensittich traurig auf seiner Schaukel sitzt und eintönig piept, fühlt er sich einsam. Beschäftige dich mit ihm.

Der Wellensittich schimpft lautstark. Er möchte seine Ruhe haben. Lass ihn ausruhen und beschäftige dich später wieder mit ihm.

Wenn der Wellensittich herumtanzt und aufgeregt zwitschert, dann balzt er. Das bedeutet, er sucht einen Partner. Spiel mit ihm.

Der Wellensittich flattert panisch herum. Er hat Angst. Wenn du es kannst, beseitige die Ursache, sonst rede leise mit ihm.

Serviceseiten

Wichtige Adressen
Deutschland
Vereinigung für Artenschutz,
Vogelhaltung und Vogelzucht
(AZ) e. V.
Postfach 11 68
71501 Backnang
Tel. 07191/82439
Fax 07191/85957

Deutscher Kanarienzüchter-
Bund e. V. (DKB)
Salenbergst. 49
72250 Freudenstadt
Tel. 07441/7814
Fax 07441/51178

Vereinigung »Ziergeflügel-
und Exotenzüchter e.V.«
Spreeaue 14
03130 Spremberg/L.
Tel. und Fax 03563/4602

Deutsche Standard-Wellensit-
tich-Züchter-Vereinigung e.V.
(DSV)
Amselweg 1
97332 Volkach
Tel. 0 93 81/14 31
(ab 14.00 Uhr)

Deutscher Tierschutzbund
Baumschulallee 15
53115 Bonn
Tel. 0228/604960

Schweiz
EXOTIS, Schweizerischer Ver-
band für Zucht und Pflege
exotischer Vögel
Dorfstrasse
CH-3364 Seeberg
Tel. 062968/1232

Österreich
Vogelzüchter-Vereinigung
Österreich
Rachbauerstr. 41,
A-5071 Wals
Tel. und Fax 0662/852662

Spezialtipp für Tierfreunde:
Lebendig und naturgetreu
wirken Tiere auf Kohlezeich-
nungen von Martine Tunnat,
die sie auf Wunsch auch
nach Fotos fertigt. Drei Tage
arbeitet sie an so einem Tier-
porträt.
Interessenten melden sich bei
Martine Tunnat
Weiherstr. 2
71546 Aspach
Tel. 07191/20975.
(Für diesen Hinweis danken
wir der Redaktion »Ein Herz
für Tiere« sehr herzlich.)

*Ratgeber-Telefon (Herz für
Tiere Service) für Tierhalter*
0190/873247-11
(Täglich von 8 bis 22 Uhr be-
antworten Tierärzte Ihre
Fragen)

Fachzeitschriften
Deutschland
Die Voliere
Verlag M. & H. Schaper GmbH
& Co. KG
Postfach 1642
31046 Alfeld (Leine)
erscheint monatlich

Gefiederte Welt
Verlag Eugen Ulmer GmbH
& Co.
Wollgrasweg 41
70599 Stuttgart
erscheint monatlich

Geflügel-Börse
Verlag Jürgens KG
Industriestrasse 13
Postfach 1529
82102 Germering
erscheint vierzehntägig

Der Vogelfreund
Hanke-Verlag GmbH
Amrichshäuser Str. 28/1
74653 Künzelsau
erscheint monatlich